班组安全行丛书

劳动权益与工伤保险知识

（第三版）

刘　建　高金鑫　主编

中国劳动社会保障出版社

图书在版编目(CIP)数据

劳动权益与工伤保险知识/刘建，高金鑫主编. —3 版. —北京：中国劳动社会保障出版社，2017

(班组安全行丛书)

ISBN 978-7-5167-2974-8

Ⅰ. ①劳… Ⅱ. ①刘…②高… Ⅲ. ①劳动法-基本知识-中国②工伤保险-基本知识-中国 Ⅳ. ①D922.5②F842.61

中国版本图书馆 CIP 数据核字(2017)第 081033 号

中国劳动社会保障出版社出版发行

(北京市惠新东街 1 号 邮政编码：100029)

*

三河市华骏印务包装有限公司印刷装订 新华书店经销

880 毫米×1230 毫米 32 开本 5.5 印张 121 千字

2017 年 4 月第 3 版 2023 年 3 月第 7 次印刷

定价：18.00 元

营销中心电话：400-606-6496

出版社网址：http://www.class.com.cn

内容简介

本书为“班组安全行丛书”中的一册，为第三版，内容包括劳动权益知识和工伤保险知识两篇。本书从劳动者的权利和义务入手，重点介绍了劳动者享有的各项权利和劳动者在劳动合同的订立、变更、解除等过程中应注意的问题。同时，还重点介绍了工伤保险的基础知识，《工伤保险条例》中关于认定工伤和视同工伤的各种情形，劳动能力鉴定的原则和程序，工伤保险待遇的内容等相关知识。

本书叙述简明扼要，内容通俗易懂，并配有一些事故案例。本书可作为班组安全生产教育培训的教材，也可供从事安全生产工作的有关人员参考、使用。

本书由北京科技大学刘建、高金鑫主编，北京科技大学王京京、王汝昕副主编，尹杰、李文博、王宝晴、韩晶、刘晴、梁天玺、闫小丽参与编写。

前言

班组是企业最基本的生产组织，是实际完成各项生产工作的部门，始终处于安全生产的第一线。班组的安全生产状况，对于维持企业正常生产秩序，提高企业效益，确保职工安全健康和企业可持续发展具有重要意义。据统计，在企业的伤亡事故中，绝大多数属于责任事故，而这些责任事故90%以上又发生在班组。因此可以说，班组平安则企业平安；班组不安则企业难安。由此可见，班组的安全生产教育直接关系到企业整体的生产状况乃至企业发展的安危。

为适应各类企业班组安全生产教育培训的需要，中国劳动社会保障出版社特组织编写了“班组安全行丛书”。该丛书出版以来，受到广大读者朋友的喜爱，成为他们学习安全生产知识、提高安全技能的得力工具。近年来，很多法律法规、技术标准、生产技术都有了较大变化，不少读者通过各种渠道进行意见反馈，强烈要求对这套丛书进行改版。为了满足广大读者的愿望，我社决定对该丛书进行改版。改版后的丛书包括以下品种：

《安全生产基础知识（第二版）》《职业卫生知识（第二版）》《应急救护知识（第二版）》《个人防护知识（第二版）》《劳动权益与工伤保险知识（第三版）》《消防安全知识（第三版）》《电气安全知识（第二版）》《焊接安全知识（第二版）》《登高作业安全知识》《带电作业安全知识》《有限空间作业安全知识》《接尘作业安全知识 》，共计12

分册。

该丛书主要有以下特点：一是具有权威性。丛书作者均为全国各行业长期从事安全生产、劳动保护工作的专家，既熟悉安全管理和技术，又了解企业生产一线的情况，因此，所写的内容准确、实用。二是针对性强。丛书在介绍安全生产基础知识的同时，以作业方向为模块进行分类，每分册只讲述与本作业方向相关的知识，因而内容更加具体，更有针对性，班组在不同时期可以选择不同作业方向的分册进行学习，或者，在同一时期选择不同分册进行组合形成一套适合作业班组使用的学习教材。三是通俗易懂。丛书以问答的形式组织内容，而且只讲述最常见的、最基本的知识和技术，不涉及深奥的理论知识，因而适合不同学历层次的读者阅读使用。

该丛书按作业内容编写，面向基层，面向大众，注重实用性，紧密联系实际，可作为企业班组安全生产教育的教材，也可供企业安全管理人员学习参考。

目录

第一篇　劳动权益知识

第一部分　劳动者的权利和义务…………………………（ 3 ）

一、劳动关系与劳务关系……………………………（ 3 ）

1. 劳动关系与劳务关系有什么区别？ ………………（ 3 ）

2. 企业的事实劳动关系如何处理？ …………………（ 6 ）

二、劳动者的合法权利…………………………………（ 7 ）

3. 什么是劳动权？ ……………………………………（ 7 ）

4. 什么是劳动报酬权？ ………………………………（ 9 ）

5. 劳动者的哪些收入属于工资范围？哪些收入不属于工资范围？ ……………………………………………（ 11 ）

6. 用人单位是否可以以实物的形式支付职工工资？ ……（ 13 ）

7. 怎样理解最低工资？ ………………………………（ 14 ）

8. 什么是标准工作时间？ ……………………………（ 16 ）

9. 什么是延长工作时间？ ……………………………（ 17 ）

10. 哪些职工可以享受探亲假？ ……………………………… （19）
11. 女职工禁忌从事哪些劳动？ ……………………………… （22）
12. 用人单位不得安排未成年工从事哪些劳动？ ………… （24）
13. 什么是职业培训？ ………………………………………… （27）
14. 什么是依法参加和组织工会权？ ……………………… （29）
15. 什么是职工民主管理权？ ………………………………… （31）
16. 什么是提请劳动争议处理权？ ………………………… （32）
17. 什么是辞职权？ …………………………………………… （32）
18. 劳动者应履行哪些义务？ ………………………………… （33）
19. 用人单位违反《劳动合同法》进行赔偿的情况有哪些？ ……………………………………………………………… （35）
20. 劳动规章制度的制定是用人单位一方说了算吗？ …… （38）
21. 劳务派遣工享有同工同酬的权利吗？ ………………… （39）

第二部分 劳动合同………………………………………… （44）

一、劳动合同的订立……………………………………… （44）
22. 什么是劳动合同？ ………………………………………… （44）
23. 订立劳动合同应当遵循哪些原则？ …………………… （45）
24. 没有签订劳动合同就不存在劳动关系吗？ ………… （47）
25. 用人单位可否与劳动者约定两次以上的试用期？ …… （49）
26. 劳动合同与集体合同有什么联系和区别？ ………… （51）
27. 我国采用哪种形式订立劳动合同？ …………………… （54）
28. 试用期的期限有何限制？ ………………………………… （55）
29. 如何区分学徒期、见习期和试用期？ ………………… （56）
30. 如何理解无效劳动合同？ ………………………………… （58）

二、劳动合同的变更、解除和终止 ……………………………（60）
31. 什么是劳动合同的变更？ ……………………………………（60）
32. 什么情况下可以解除劳动合同？ ……………………………（63）
33. 什么是劳动合同的终止？ ……………………………………（67）
34. 劳动合同期满，但医疗期等尚未届满时，劳动合同能否终止？ ……………………………………………………（68）
35. 女职工在“三期”（孕期、产期、哺乳期）内严重违反劳动纪律，用人单位可以解除劳动合同吗？ ………（70）
36. 职工单方辞职还需支付违约金吗？ …………………………（71）
37. 劳动者因用人单位解除劳动合同而获得经济补偿的同时，能否再领取失业保险金？ …………………………（72）
38. 用人单位招用尚未解除劳动合同的劳动者，该劳动者和现用人单位如何承担赔偿责任？ ……………………（74）
三、无固定期限劳动合同 …………………………………………（74）
39. 什么情形下可以签订无固定期限劳动合同？ ………（74）
40. 用人单位是否有权单方解除与工伤职工订立的无固定期限劳动合同？ ……………………………………………（75）

第二篇 工伤保险知识

第三部分 工伤保险 ………………………………………………（81）
41. 什么是工伤保险？ …………………………………………（81）
42. 工伤保险遵循的原则有哪些？ ……………………………（82）

43. 何谓无责任补偿？ …………………………………………（82）
44. 工伤保险为什么实行无责任补偿原则？ ………………（82）
45. 工伤保险与商业保险公司的人身意外伤害保险的保险目的有何不同？ ………………………………………………（83）
46. 职工投了人身意外伤害保险，发生工伤事故后是否还可以享受工伤保险待遇？ ……………………………………（84）
47. 工伤保险制度的适用范围是什么？ ……………………（85）
48. 工伤保险费由劳动者个人缴纳吗？ ……………………（86）
49. 什么是工伤保险的差别费率和浮动费率？ ……………（86）
50. 用人单位没有参加工伤保险，职工是否可以按国家规定享受有关待遇？ ………………………………………（87）

第四部分　工伤认定……………………………………………（89）

一、普通工伤……………………………………………………（89）
51. 什么情况下可以认定为工伤？ …………………………（89）
52. 如何理解“工作场所”以及“因工作原因”？ ………（89）
53. 什么情况可以算作“因工外出期间”？ ………………（91）
54. 如何理解“上下班途中”的合理性？ …………………（91）
55. 职工自杀能否认定为工伤？ ……………………………（92）
56. 职工参加公司组织的体育活动受伤是否算工伤？ ……（93）
57. 工伤人员刑满释放后有工伤保险待遇吗？ ……………（94）
58. 违规作业致死能否认定为工伤？ ………………………（95）
59. 用人单位主体发生变更后，判定承担责任的主体的基本依据是什么？ ………………………………………………（97）
60. 劳动关系复杂的工伤保险案例发生时，如何判定承担

责任的主体？ …………………………………………………………（98）
61. 下班回家途中买菜被机动车撞伤，算工伤吗？ ………（100）
62. 在单位突发疾病，回家后又送医院死亡，能定为工伤吗？ …………………………………………………………（100）
63. 在宿舍因打架斗殴伤害死亡能算工伤吗？ ……………（101）
64. 在“三合一”车间吃午饭时受伤能算工伤吗？ ………（102）
65. 上下班途中骑自行车摔伤能算工伤吗？ ………………（103）
66. 企业或者职工如何向社会保险行政部门申报工伤？ …（104）
67. 由于企业原因导致受害职工错过工伤认定申请期限的能否认定工伤？ ……………………………………………（106）
68. 如何理解“不属于职工或者其近亲属自身原因超过工伤认定申请期限”？ ……………………………………（108）
69. 因工受伤后与单位私了还能申报工伤吗？ ……………（108）
70. 出差在外受伤或失踪能申报工伤吗？ …………………（110）
71. 什么是职业病？ ………………………………………（111）
72. 职业病算工伤吗？ ……………………………………（113）
73. 为何工伤保险要与事故预防、职业病防治相结合？ …………………………………………………………（115）
74. 企业司机酒后驾驶发生事故致伤能算工伤吗？ ………（116）
75. 职工在单位集体食堂就餐发生食物中毒能按工伤处理吗？ ……………………………………………………（118）
76. 职工在工间休息时散步，走到另一公司楼下，被楼上掉下来的杂物砸伤，这算工伤吗？ …………………（119）
77. 接受转包或者发包的不具备用工主体资格的组织或者自然人聘用的职工因工伤亡的能不能认定工伤？ ……（119）

78. 间接刺激诱发疾病能算工伤吗？ …………………… (121)
二、视同工伤……………………………………………… (121)
79. 哪些情形可以视同为工伤？ ………………………… (121)
80. 维护公共安全受伤后为何只能“视同工伤”？ …… (123)
81. 职工在上下班途中参加救火被烧伤算工伤吗？…… (125)
82. 军人在单位工作时旧伤复发，可视同工伤吗？ …… (126)
第五部分 劳动能力鉴定………………………………… (128)
83. 什么是劳动能力鉴定？ ……………………………… (128)
84. 劳动能力鉴定机构有哪些？ ………………………… (129)
85. 职工工伤与职业病致残等级分级包括什么内容？…… (130)
86. 职工工伤与职业病致残程度鉴定的定级原则是什么？
…………………………………………………………… (131)
87. 职工发生工伤或职业病致残后，如何进行劳动能力鉴定？ ……………………………………………… (132)
88. 职工工伤与职业病致残程度鉴定以后，还能更改鉴定结论吗？…………………………………………… (133)
89. 职工对伤残等级鉴定结论不服，能否提起行政诉讼？
…………………………………………………………… (133)
90. 同样残情，等级待遇为何不一致？…………………… (135)
第六部分 工伤待遇……………………………………… (137)
91. 工伤医疗待遇具体包括哪些内容？ ………………… (137)
92. 什么是停工留薪期？停工留薪期的期限是多少？ …… (138)
93. 职工在停工留薪期内享受何种工资福利待遇？ …… (138)

94. 伤残待遇具体包括哪些内容？ …………………………… (138)
95. 因工死亡待遇具体包括哪些内容？ ………………………… (142)
96. 退休以后工伤职工的工伤待遇有哪些变化？ …………… (144)
97. 工伤医疗费包干生效吗？ ……………………………… (144)
98. 职工“泡工伤”不上班对吗？ ………………………… (146)
99. 因工死亡职工供养亲属的范围有哪些？供养亲属享受的条件有何限制？ …………………………………… (147)
100. 什么是职业性有害因素？如何分类？ ……………… (150)
101. 什么是职业中毒？职业中毒有哪些表现形式？ …… (151)
102. 什么叫作非法用工单位伤亡人员？ ………………… (152)
103. 企业被依法宣告破产时，工伤职工如何维护工伤保险待遇？ ……………………………………………… (152)
104. 试用期未满，职工能享受工伤待遇吗？ …………… (153)
105. 工伤职工擅自进行异地治疗，治疗费用能报销吗？ …………………………………………………… (154)
106. 无证驾驶机动车受伤能享受工伤保险待遇吗？ …… (156)
107. “职工因第三人的原因”引起的工伤案件，职工能否享受工伤保险待遇？ …………………………… (157)
108. 企业职业病防治管理措施有哪些？ ………………… (158)
109. 工伤预防可以采取哪些措施？ ……………………… (158)

参考文献 ………………………………………………… (161)

第一篇

劳动权益知识

第一部分 劳动者的权利和义务

一、劳动关系与劳务关系

1. 劳动关系与劳务关系有什么区别？

劳动关系是劳动力所有者和劳动力使用者之间的社会关系；是与劳动过程相联系的社会关系；是指机关、企事业单位、社会团体和个体经济组织（可统称为用人单位）与劳动者个人之间，依法签订劳动合同，劳动者接受用人单位的管理，从事用人单位安排的工作，成为用人单位的成员，从用人单位领取报酬和受劳动保护所产生的法律关系。在实际生活中，用人单位没有与劳动者签订劳动合同的现象相当普遍，但只要双方实际履行了上述权利义务，即形成事实上的劳动关系。劳动关系兼具人身关系和财产关系的性质，并兼有平等关系和隶属关系的特征。

劳务关系是发生在平等主体的自然人之间、法人之间、非法人单位之间，以及他们与自然人之间以提供劳务为内容的法律关系。可简单理解为劳务关系是劳动者与用工者根据口头或书面约定，由劳动者向用工者提供一次性的或者是特定的劳动服务，用工者依约向劳动者支付劳务报酬的一种等价有偿服务的法律关系。

劳动关系与劳务关系的区别主要有以下几点：①劳动关系属于《中华人民共和国劳动法》（以下简称《劳动法》）的范畴，而劳务关系是建立民事法律关系的依据。②劳动关系的一方主体是劳动者，另一方必然是用人单位；劳务关系既可以发生在公民之间或法人之间，也可以发生在公民与法人之间，对主体没有特殊规定。③劳动关系形成后，劳动者就成为用人单位的内部成员，必须服从用人单位对劳动者的统一管理，他的劳动被看作是用人单位全部劳动的一部分。④劳动合同的内容规定，用人单位为劳动者提供法律要求或约定的劳动条件，职工完成的工作是整个劳动过程中的一部分；而劳务合同的一方当事人并不为另一方当事人提供劳动条件，另一方也仅仅是在一定时期内完成某项相对独立的具体工作，工作任务完成后，双方的合同关系即终止。⑤确定报酬的原则不同。在劳动关系中，用人单位按照劳动的数量与质量给付劳动报酬，贯彻按劳分配原则；而在劳务关系中，劳动报酬一般是按照等价有偿的原则给付。⑥纠纷的处理方式不同。劳动关系发生纠纷后，当事人可以向本单位劳动争议调解委员会申请调解，调解不成，当事人一方要求仲裁的，应先到劳动保障行政

部门的劳动仲裁委员会仲裁，不服的在法定期间内才可以到人民法院起诉，劳动仲裁是前置程序；而劳务关系发生纠纷后可以诉讼，也可以经双方当事人协商解决。⑦履行合同中发生伤亡事故的处理方式不同。根据《工伤保险条例》的规定，劳动关系中劳动者发生伤亡事故，非故意犯罪、醉酒或者吸毒、自残或者自杀，并符合《工伤保险条例》相关规定的，都应认定为工伤。工伤事故的损害赔偿，适用的是无过错原则。也就是说，即使用人单位没有过错，仍然应当对遭受工伤的劳动者承担赔偿责任。但劳务关系不适用工伤事故处理的有关规定。劳务提供者在提供劳务过程中遭受人身损害的，应按照《中华人民共和国民法通则》《中华人民共和国合同法》《中华人民共和国侵权责任法》（以下简称《侵权责任法》）等相关法律的规定由过错方来承担赔偿责任，即过错原则。其中，《侵权责任法》明确规定，用人单位的工作人员因执行工作任务造成他人损害的，由用人单位承担侵权责任，劳务派遣期间，被派遣的工作人员因执行工作任务造成他人损害的，由接受劳务派遣的用工单位承担侵权责任；若劳务派遣单位有过错，须承担相应的补充责任。而对于个人之间形成劳务关系，提供劳务一方因劳务造成他人损害的，由接受劳务一方承担侵权责任。提供劳务一方因劳务自己受到损害的，根据双方各自的过错承担相应的责任。

◎案例

A公司主要从事床上用品的生产、销售，生产季节性较强，每年7月至9月是生产旺季。朱某自2013年以来，每逢生产旺季，自带其本人的小货车至该公司从事运输等工作。双方约定，A公司每月支付朱某报酬2 000元，油费、过路费、违章罚款等费用均由A公司支付。其间，朱某日常生活起居均在公司内。某日，朱某受A公司指派在购买发动机途中发生交通事故，抢救无效死亡。

朱某之妻认为朱某死亡应认定为工伤，A公司应当支付相应补偿。但A公司认为朱某是自备劳动工具为A公司提供临时性、短期性劳动服务，双方不存在管理与被管理的社会关系，是一种劳务关系而非劳动关系，不属于认定工伤的范围。朱某之妻不服，直接向当地社会保险行政部门提出工伤认定申请。

◎法律分析

工伤认定的前提是劳动者与用人单位成立具有管理性质的劳动关系。该案中，A公司主要从事床上用品的生产、销售，生产季节性较强，主要集中在每年7月至9月，其特殊性使得劳动者不可能长期不间断地为其提供劳动力，且劳动者提供劳动的形式也具有多样性。朱某自备生产工具在该公司从事运输等工作期间有固定的月收入，车辆的相关费用也由公司承担，显然双方具有一定的管理与被管理关系。朱某工作之余较为自由，也未与公司签订书面的劳动合同，这是该公司自身尚未健全内部管理及劳动保障制度的结果，不影响双方事实劳动关系的成立。A公司认为双方不存在劳动关系是错误的。

根据《工伤保险条例》的规定，劳动关系中劳动者因工外出期间，由于工作原因受到伤害或者发生事故下落不明的，应当认定为工伤。因此，社会保险行政部门认定朱某为工伤。

值得注意的是，修订后的《工伤保险条例》规定职工在上下班途中，受到非本人主要责任的交通事故或者城市轨道交通、客运轮渡、火车事故伤害的，应当认定为工伤。

2.企业的事实劳动关系如何处理？

（1）事实劳动关系主要包括以下几种情形：

1）应签而未签订劳动合同，即没签订劳动合同，职工已经与企业产生劳动行为的；

2）以口头协议代替书面劳动合同的；

3）以其他合同形式代替劳动合同，即在其他合同中规定了劳动者的权利、义务条款的；

4）劳动合同期满没有终止也没有续签新的劳动合同，劳动者仍在企业工作的；

5）劳动合同构成要件相关条款缺乏或者违法，事实上已成为无效合同，但是双方依照这一合同规定已经形成了劳动关系的。

（2）法律规定，建立劳动关系应当订立书面劳动合同。

已建立劳动关系，未同时订立劳动合同的，应当自用工之日起一个月内订立书面劳动合同。

用人单位与劳动者在用工前订立劳动合同的，劳动关系自用工之日起建立。

（3）形成事实劳动关系而未订立劳动合同产生的后果。

用人单位未在用工的同时订立书面劳动合同，与劳动者约定的劳动报酬不明确的，新招用的劳动者的劳动报酬按照集体合同规定的标准执行；没有集体合同或集体合同未规定的，实行同工同酬。

用人单位自用工之日起超过一个月不满一年未与劳动者订立书面劳动合同的，应当向劳动者每月支付两倍的工资。

二、劳动者的合法权利

3. 什么是劳动权？

劳动权是人权的重要组成部分，它具有生存权与发展权的属性。

简而言之，劳动权一般是指凡是有劳动能力的公民，均有获得参加社会劳动和切实保障按劳动取得报酬的权利。劳动权是法律赋予劳动者的最基本的权利，它是劳动者一切具体劳动权利的基础。劳动权是获得生存权的必要条件。

我国劳动权的内容主要表现为赋予劳动者平等就业权和自主择业权。平等就业权是一种受益权，即凡是有劳动能力和劳动愿望的公民不分民族、种族、性别、宗教信仰等，都有平等地获得劳动机会的权利，禁止就业歧视。为保障公民平等就业权的实现，国家采取了一系列促进就业的政策和措施，规定了就业保障制度、失业保护制度，保障公民谋求不到工作时，国家给予必要的帮助、扶持，或者对已就业又失去职业的劳动者提供失业保险金。自主择业权是一种自由权，即劳动者有权根据自己的志愿、才能、教育程度，并在考虑社会需求的情况下选择职业和工种。国家保障劳动者自主择业权，主要通过订立和变更劳动合同时遵循平等自愿、协商一致的原则来实现，并对用人单位滥用解雇权的行为加以必要的限制。

此外，我国《劳动法》规定劳动者还享有取得劳动报酬的权利、休息休假的权利、获得劳动安全卫生保护的权利、接受职业技能培训的权利、享受社会保险和福利的权利、提请劳动争议处理的权利以及法律规定的其他劳动权利。

◎案例

某矿业公司与王某签订了5年期的劳动合同，王某的工作岗位是法律事务。合同履行2年后，矿业公司以工作需要为名，将王某强行调离法律事务岗位，让其从事统计工作。为此，王某以矿业公司侵犯了其劳动权为由，要求劳动争议仲裁委员会予以仲裁。矿业公司在答辩中声称王某是本单位职工，应听从调动，单位有权不征得王某同意变更工作岗位。另外，虽然变更了王某的工作岗位，但王某的工资、待遇丝毫未变，王某的利益没有受到任何损失，单位没有侵犯其劳动权。

◎**法律分析**

这样理解是错误的，王某从事法律事务多年，熟知法律，其工作经验丰富，而且非常热爱本职工作，从事法律事务工作是他根据自己的爱好、特长而选择的，他拥有自主择业权。此矿业公司变更王某的工作岗位时不尊重劳动者的劳动权，不根据平等自愿、协商一致原则，没有考虑职工的意愿，这是对王某劳动权的严重侵犯。

4. 什么是劳动报酬权？

在现代化大生产条件下，劳动者需要通过社会组织参加劳动，成为用人单位的职工；同时也通过社会组织取得劳动报酬，维系本人和家庭的生活。没有劳动报酬，劳动者无法生存，也不能提高生活质量。

劳动报酬权是人权的重要内容之一，是市场经济条件下劳动者的基本权利，也是法律赋予劳动者的重要劳动权利之一，这一权利的实现关系到劳动者的生存和发展。劳动报酬权是劳动者按自己提供劳动的数量和质量取得应得工资收入的权利。劳动者的劳动报酬权有切实的内容，作为劳动者有权要求用人单位按劳动法规、集体合同和劳动合同的规定以货币形式支付各种工资收入，有权获得最低工资保障，女职工有权要求实行男女同工同酬。为了保障劳动者的生存和生活，用人单位和国家有义务保障劳动者劳动报酬权的实现。

◎**案例**

朱某等5人是某装饰材料厂劳动合同制工人，2009年6月与该厂签订了为期 6 年的劳动合同。2012 年 9 月以后，该厂由于产品质量问题，经营状况一直不好，产品大量积压，造成资金流动困难。从 2012 年 11 月起厂里连续 8 个月只给朱某等 5 人发放 60%的工资，其余部分一直拖着未发。从 2013 年 7 月开始，朱某等 5 人多次向厂里提出补发工资的要求，但厂方总以资金周转困难、暂时没有钱为由一拖再拖，当朱某等 5 人看到要求厂里补发工资无望时，便提出解除劳动合同。该厂以车间人员不足，解除劳动合同会给厂里带来损失为由，拒绝了朱某等 5 人解除劳动合同的要求，并声称如果朱某等 5 人一定要解除合同，厂方将不为其办理转移社会保险的手续。朱某等 5 人虽同厂方进行了多次协商，但问题始终没有得到解决，只好向当地劳动争议仲裁委员会申诉，请求劳动争议仲裁委员会维护他们的合同权益。

劳动争议仲裁委员会受理该案后，查明朱某等 5 人所反映的情况属实，经调解无效，做出了如下裁决：①装饰材料厂应于裁决书生效之日起 3 日内为朱某等 5 人办理解除劳动合同及转移社会保险的手续；②该厂在办理朱某等 5 人解除劳动合同手续的同时，一次性补发所拖欠的工资并赔偿损失。

◎法律分析

这是一起因企业不按劳动合同约定支付劳动报酬，拖欠职工工资，由职工提出解除劳动合同而与企业发生劳动争议的案件。根据《劳动法》第三十二条第三款规定，用人单位未按劳动合同的约定支付劳动报酬或者提供劳动条件的，劳动者可以随时通知用人单位解除劳动合同。第五十条规定，工资应当以货币形式按月支付给劳动者本人。不得克扣或者无故拖欠劳动者的工资。《劳动法》第三十二条第三款所规定的“用人单位未按劳动合同约定支付劳动报酬”，既包括了劳动合同中约定的工资数额，也包括了由法律规定的和劳动合同中约定的工资支付日期。

此案例中，该装饰材料厂连续8个月不按劳动合同约定支付朱某等5人的工资报酬，并以不办理社会保险转移手续相威胁，其行为构成了对劳动者劳动报酬权益的侵犯。朱某等5人可根据《劳动法》第三十二条的规定，随时通知用人单位解除劳动合同，该装饰材料厂应当接受并为他们依法办理解除劳动合同的有关手续，不应当无理拒绝，更不应以不办理社会保险转移手续威胁朱某等人。

5. 劳动者的哪些收入属于工资范围？哪些收入不属于工资范围？

劳动相关法律中的工资是指用人单位依据国家有关规定或劳动合同的约定，以货币形式直接支付给本单位劳动者的劳动报酬，一般包括计时工资、计件工资、奖金、津贴和补贴、加班加点工资、特殊情况下支付的工资等。奖金是指支付给职工的超额劳动报酬和增收节支的劳动报酬，包括生产（业务）奖，节约奖，劳动竞赛奖，机关、事业单位的奖励工资和其他奖金。生产（业务）奖包括超产奖、质量奖、安全（无事故）奖、考核各项经济指标的综合奖、提前竣工奖、外轮速遣奖、年终奖（劳动分红）等。节约奖包括各种动力、燃料、原材料等节约奖。劳动竞赛奖包括发给劳动模范、先进个人的各种奖金和实物奖励。其他奖金包括从兼课酬金和业余医疗卫生服务收入提成中支付的奖金等。津贴一般包括补偿职工特殊或额外劳动消耗的津贴、保健性津贴、技术性津贴、年功性津贴、其他津贴。补贴一般指保证职工工资水平不受物价上涨或变动影响而支付的各种补贴，如肉类等价格补贴、副食品价格补贴、粮价补贴、煤价补贴、房贴、水电贴等。上述内容均属于工资总额的一部分，当然也属于劳动报酬的范围。

工资是劳动者劳动收入的重要组成部分，但不是全部。劳动收入是劳动者从事某种劳动而获得的一定数量的货币、实物等形态的报酬。工资是劳动者劳动收入的主要组成部分，但不是劳动者所有的劳动收入都属于工资的范畴。劳动者的以下劳动收入不属于工资范围：

（1）根据国务院发布的有关规定颁发的创造发明奖、自然科学奖、科学技术进步奖和支付的合理化建议和技术改进奖以及支付给运动员、教练员的奖金；

（2）有关劳动保险和职工福利方面的费用，具体有：职工死亡丧葬费及抚恤费、医疗卫生费或公费医疗费用、职工生活困难补助费、集体福利事业补贴、工会文教费、集体福利费、探亲路费、冬季取暖补贴、上下班交通补贴以及洗理费等；

（3）有关离休、退休、退职人员待遇的各项支出；

（4）有关劳动保护的各种支出，具体有：工作服、手套等劳保用品，解毒剂，清凉饮料等；

（5）稿费、讲课费及其他专门工作报酬；

（6）出差伙食补助费、误餐补助、调动工作的旅费和安家费；

（7）对自带工具、牲畜来企业工作职工所支付的工具、牲畜等的补偿费用；

（8）实行租赁经营单位的承租人的风险性补偿收入；

（9）对购买本企业股票和债券的职工所支付的股息（包括股金分红）和利息；

（10）劳动合同制职工解除劳动合同时由企业支付的医疗补助费、生活补助费等；

（11）因录用临时工而在工资以外向提供劳动力单位支付的手续费或管理费；

（12）支付给家庭工人的加工费和按加工订货办法支付给承包单位的发包费用；

（13）支付给参加企业劳动的在校学生的补贴；

（14）计划生育独生子女补贴。

6. 用人单位是否可以以实物的形式支付职工工资?

依据我国《劳动法》的规定，工资应当以货币形式支付。《工资支付暂行规定》规定工资应当以法定货币支付，不得以实物及有价证券替代货币支付，其目的是为了更好地保护劳动者获得劳动报酬的权利。

工资应当以法定货币支付。一方面，货币是衡量和表现所有商品和劳务的统一价值尺度，用货币支付工资，可以反映劳动者个人劳动力支出和劳动报酬的关系。体现按劳分配，也利于劳动者之间相互比较，贯彻同工同酬。另一方面，货币是商品和劳务的交换手段和支付方式，用货币支付工资，可以满足劳动者个人的各种消费需求，保障劳动者自由支配其劳动报酬的权利，也利于劳动者收入的规范化，贯彻国家对工资总量的宏观调控。

◎**案例**

某地区一家镇办企业，由上级下达包销当年3年期国库券的任务，企业动员职工购买，但响应者很少，厂长就决定将包销任务分包给全体职工，平均每人50元。在当月发工资时，每人少发人民币50元，而以50元国库券替代，引起职工不满。

◎**法律分析**

本例反映的是以国库券及代币购货券、股票、企业债券、实物等替代工资货币支付的情况，这在许多企业仍然存在。当然，有些情况有一定的历史原因，但是在劳动法律、法规已经明令禁止的情况下，企业仍然以实物或有价证券替代货币工资支付，是违法的。

该厂长的行为侵犯了劳动者的劳动报酬权，客观上会影响劳动者的生活。以本例来说，国库券不能作为流通手段购买商品或劳务，如果劳动者要将它兑现成货币，必然承担利息损失。实际上侵害了劳动者的权益，劳动者可以向劳动争议仲裁委员会申请仲裁。

7.怎样理解最低工资?

最低工资是指劳动者在法定工作时间或依法签订的劳动合同约定的工作时间内提供了正常劳动的前提下，其所在用人单位必须按法定最低标准支付的劳动报酬。它不包括加班加点工资，中班、夜班、高温、低温、井下、有毒、有害等特殊工作环境、条件下的津贴，以及国家法律、法规、政策规定的劳动者保险、福利待遇、以货币形式支付的住房和用人单位支付的伙食补贴。最低工资标准由国家法律强制规定，用人单位必须遵守。一般采取小时最低工资标准、月最低工资标准的形式。只要劳动者在法定工作时间内提供了正常劳动，用人单位支付给劳动者的工资不得低于最低工资标准。法定工作时间是指国家法律、法规规定的工作时间，即法定工时，我国的法定工时是每周工作 40 小时，每天工作 8 小时。正常劳动是指劳动者按照依法签订的劳动合同约定，在法定工作时间内或劳动合同约定的工作时间内从事的劳动。

最低工资只是一个底线，是劳动者能够满足其自身及其家庭成员基本生活需要的最低保障线，劳动者只要就业，国家就保障劳动者能够通过劳动维持其基本生活需求。最低工资制度并不妨碍用人单位在最低工资标准之上，按照各类职工提供的不同劳动而确定不同的工资标准。

我国对最低工资进行强制干预，国家通过立法强制规定用人单位支付给劳动者的工资不得低于国家规定的最低工资标准，目的是满足劳动者及其家庭的基本生活需求，体现社会公平。

◎案例

某国有企业所在地区法定最低工资标准为每月 1 280 元。该企业职工冯某 8 月份全勤，领得全部工资收入为 1 500 元。其中，冷饮费 50 元，合理化建议奖 100 元，独生子女补贴 10 元，饭补 558 元，交通补贴 640 元。那么该职工的工资符合最低工资标准吗？

◎法律分析

根据《劳动法》第四十八条的规定，国家实行最低工资保障制度，最低工资的具体标准由省、自治区、直辖市人民政府规定，报国务院备案。用人单位支付劳动者的工资不得低于当地最低工资标准。

最低工资不包括延长工作时间的工资报酬，以货币形式支付的住房补贴和用人单位支付的伙食补贴，中班、夜班、高温、低温、井下、有毒、有害等特殊工作环境和劳动条件下的津贴，国家法律、法规、规章规定的社会保险福利待遇。

本例中仅就反映的情况分析，该国有企业8月支付给职工冯某的“工资”有违反《企业最低工资规定》之处。冷饮费属于劳动保护方面的费用，合理化建议奖属于“根据国务院发布的有关规定支付的合理化建议”，独生子女补贴属于“计划生育独生子女补贴”，交通补贴属于“有关劳动保险和职工福利方面的费用”，它们都不属于工资总额的范围，这部分收入共计800元。其次，饭补558元不包括在最低工资之内。这样，冯某全勤劳动却没有得到最低工资1 280元，扣除不能列入工资总额范围的劳动收入及不包括在最低工资标准内的收入，冯某的“工资收入”只有142元，低于当地最低工资标准。用人单位须限期补发所欠劳动者工资，此外劳动保障行政部门可责令其按所欠工资的一至五倍支付劳动者赔偿金。

8. 什么是标准工作时间？

标准工作时间是我国现行工时制度的一种形式，是法律规定的国家机关、企事业单位、社会团体等在正常情况下普遍实行的工作时间。标准工作时间在劳动者每日工作时间和每周工作时间两方面进行了规定。《国务院关于职工工作时间的规定》规定劳动者每日工作8小时，每周工作40小时。企业因生产经营需要延长工作时间应以每周40小时为基础计算。如果因工作性质或生产特点限制不能实行标准工时制的，经劳动保障行政部门批准办理相关法律手续后，才能实行其他工时制。

根据《国务院关于职工工作时间的规定》，我国的标准工作时间适用于我国境内的国家机关、社会团体、企事业单位（包括国有、集体、私营、外商投资等各种所有制类型的企业及科研设计、文化、体育、医疗卫生、学校等事业单位）以及其他组织的职工。

9. 什么是延长工作时间?

延长工作时间也称加班加点。在通常情况下，加班是指用人单位经过法定批准手续，要求职工在法定节日或公休假日从事工作的时间。加点是指用人单位经过法定批准手续，要求职工在正常工作日延长工作的时间。

延长工作时间指用人单位通过一定程序，要求劳动者超过法律、法规规定的最高限制的日工作时数和周工作天数而工作。一般分为正常情况下延长工作时间和非正常情况下延长工作时间两种形式。

正常情况下延长工作时间，按照《劳动法》的规定，需具备以下三个条件：

(1) 由于生产经营需要。生产经营需要主要是指紧急生产任务，如不按期完成，就要影响用人单位的经济效益和职工的收入，在这种情况下，可以延长职工的工作时间。

(2) 必须与工会协商。用人单位决定延长工作时间的，应把延长工作时间的理由、人数、时间长短等情况向工会说明，征得工会同意后，方可延长职工工作时间。

(3) 必须与劳动者协商。用人单位决定延长工作时间，应进一步与劳动者协商。因为延长工作时间要占用劳动者的休息时间，所以只有在劳动者自愿的情况下才可以延长工作时间。

除要符合以上条件外，延长工作时间的长度也必须符合《劳动法》的规定。即一般每日不得超过1小时，因特殊原因需要延长工作时间的，在保障劳动者身体健康的条件下延长工作时间每日不得超过3小时，但是每月不得超过36小时。

非正常情况下延长工作时间，是指依据《劳动法》第四十二条的规定，遇到下列情况，用人单位延长工作时间可以不受正常情况下延长工作时间的限制：

（1）发生自然灾害、事故或者因其他原因，威胁劳动者生命健康和财产安全，需要紧急处理的。

（2）生产设备、交通运输线路、公共设施发生故障，影响生产和公共利益，必须及时抢修的。

（3）法律、行政法规规定的其他情形。

特别需要说明的是，《劳动法》第六十一条、六十三条规定，不得安排女职工在怀孕期间或在哺乳未满一周岁的婴儿期间从事国家规定的第三级体力劳动强度的劳动和孕期、哺乳期禁忌从事的劳动。不得安排怀孕七个月以上的女职工和哺乳未满一周岁婴儿的女职工延长工作时间和夜班劳动。

◎案例

某服装厂有500多名职工，在裁剪、缝纫等第一线工作的职工有300多名。2014年年初，该厂领导强调出口服装生产任务紧，组织第一线职工加班加点。职工每天工作12小时，连公休日和法定节日也不能休息。厂方以公告的形式规定，除有医院证明的病假外，不加班加点的职工一律按旷工论处。半个月后，职工们意见很大，认为厂方的决定根本不考虑职工的具体问题。有的职工身体不好，半个月下来已筋疲力尽，继续这么干下去吃不消；有的职工家里有病人，这样干无法照顾，导致产生家庭纠纷。厂方认为，职工个人问题应该克服，要从企业生产的大局出发，况且厂方有权制定规章制度。为了“严肃纪律”，厂方对星期天没来加班的8名职工作旷工处理。职工们不服，向劳动争议仲裁委员会申请仲裁。

◎法律分析

本案例中主要涉及的法律问题有：①服装厂因生产经营需要，可以延长工作时间，但服装厂没有与工会和劳动者协商，反而强迫劳动者加班，其行为违反了《劳动法》规定的延长工作时间的条件。②服装厂延长工作时间的时数大大超过《劳动法》规定的上限，其行为违反了《劳动法》。③服装厂将8名星期天没来加班的职工作旷工处理是没有法律依据的，因为该服装厂的加班本身就是违法的。

10. 哪些职工可以享受探亲假?

探亲假是指职工享有保留工作岗位和工资而同分居两地又不能在公休日团聚的配偶或父母团聚的假期。它是职工依法探望与自己不住在一起，又不能在公休假日团聚的配偶或父母的带薪假期。根据《国务院关于职工探亲待遇的规定》等的规定，在国家机关、人民团体和全民所有制企业、事业单位工作的固定职工在一定条件下享受探亲假待遇，集体所有制企业、事业单位职工的探亲待遇，由各省、自治区、直辖市人民政府根据本地区的实际情况自行规定。

在国家机关、人民团体和全民所有制企业、事业单位工作的职工享受探亲假待遇也必须具备一定条件：一是工作满一年，与配偶不住在一起，又不能在公休假日团聚的，可以享受探望配偶的待遇。二是工作满一年，与父亲、母亲都不住在一起，又不能在公休假日团聚的，可以享受探望父母的待遇。探望父母，包括自幼抚养职工长大，现在由职工供养的亲属。三是出国前确定的留学年限在三年以上的公派出国研究生，婚后在国外学习期限达一年以上者，其国内配偶如系在职职工，可向所在单位申请出国探亲假。四是公派出国留学的大学生、研究生，在国外留学规定期限在三年以上的，满两年（期间出国攻读博士学位的研究生须获得攻读博士学位资格）后，享受公费回国休假一次。

以上人员中，有下列情况之一的，不能享受探亲假：一是职工与父亲或与母亲一方能够在公休假日团聚的。能够在公休假日团聚，是指能够利用公休假日在家至少居住一夜和休息半个白天。二是探望岳父母、公婆的。三是身份为学徒、见习生、实习生的。四是符合探望配偶条件的职工，因工作需要当年不能探望配偶时，其不实行探亲制度的配偶，到职工工作地点探亲，并且职工所在单位已按规定报销其往返路费的，职工本人当年不再享受探亲待遇。五是女职工到配偶工作地点生育，在生育休假期间，超过法定产假以后与配偶团聚 30 天以上的，不再享受当年探亲待遇。六是职工的父亲或母亲和职工的配偶同居一地的，职工在探望配偶时，即可同时探望其父亲或者母亲，因此不能再享受探望父母的待遇。七是公派出国进修人员、访问学者在国外时间较短，不享受回国休假探亲待遇。八是公派出国研究生配偶如系国内的在学学生，所在单位（学校）不给予出国探亲假的。

《国务院关于职工探亲待遇的规定》第三条规定探亲假期分为以下几种：

（1）探望配偶，每年给予一方探亲假一次，30 天。

（2）未婚职工探望父母，每年给假一次，20 天，也可根据实际情况，两年给假一次，45 天。

（3）已婚职工探望父母，每四年给假一次，20 天。

另外，根据实际需要给予路程假。上述假期均包括公休假日和法定节日在内。

凡实行休假制度的职工（如学校教职工等），应该在休假期间探亲。如果休假期较短，可由本单位适当安排，补足其探亲假的天数。

◎案例

赵某原是某船厂职工，未婚，父母居住在邻省，平时无法回家，根据国务院的有关规定，享受每年20天的探亲假。2013年年底赵某申请休探亲假时，船厂领导说最近修船任务很重，人手不够，要求赵某将假期积到明年一起休。赵某同意，并向家里写信说明。2014年，上级单位组建企业集团，将船厂与船队合并，组成某船运有限（集团）公司，原船厂编制撤销，船厂职工改为船运有限（集团）公司职工。年底，赵某提出休探亲假，船运有限（集团）公司认为，本企业是新建单位，职工工作都不满1年，不能按照国务院规定休探亲假。赵某据理力争，船运有限（集团）公司同意赵某休20天探亲假。赵某回家后想起2013年有20天假期没休，就在20天探亲假将满前打电报给单位，要求补休去年的20天假期。单位回电要求赵某立即回公司，否则将予除名（20天按旷工处理）。赵某不予理睬，休满40天假期后回单位上班。船运有限（集团）公司以赵某连续旷工20天为由，将赵某除名，双方发生争议。

◎法律分析

本例中，某船运有限（集团）公司（以下称用人单位）对赵某的除名决定没有法律依据。该用人单位由船队和船厂合并组建而成，虽然原船厂的编制已不存在，但是根据合并前企业的权利与义务（包括劳动方面的权利义务）由合并后企业享有和承担的法律原则，合并后新的用人单位应当保证劳动者赵某的探亲假实现。赵某在原船厂的探亲假因工作需要没有休，根据国务院的有关规定，赵某在次年可以合并享有45天的探亲假（不是赵某实际休的40天）。

鉴于此，赵某没有旷工，而是行使自己的探亲休假权利，用人单位将其以旷工为由除名是没有法律依据的。用人单位应当按照规定报销赵某的往返路费等，支付探亲假期间的工资，撤销对赵某的除名决定。

11. 女职工禁忌从事哪些劳动？

为保护妇女的劳动安全和健康，根据《中华人民共和国妇女权益保障法》（以下简称《妇女权益保障法》），结合我国《劳动法》《女职工劳动保护特别规定》等法律、法规，规定女职工生育享受 98 天的产假，不得安排不适合妇女从事的工作和劳动，在经期、孕期、产期、哺乳期受特殊保护。

（1）女职工禁忌从事的劳动范围：

1）矿山井下作业。指常年在矿山井下从事各种劳动，不包括临时性工作。矿山井下作业具有一定的危险性，且劳动强度大，女职工不宜从事。

2）体力劳动强度分级标准中规定的第四级体力劳动强度的作业。体力劳动强度是由国家规定的，是以劳动强度指数来衡量的。劳动强度指数是由该工种的平均劳动时间率、8 小时工作日平均能量代谢率、性别、劳动方式四个因素构成的。劳动强度指数越大，体力劳动强度也越大；反之，体力劳动强度就越小。《体力劳动强度分级》中规定，劳动强度指数小于 15，体力劳动强度为Ⅰ级；15～20 为Ⅱ级；20～25 为Ⅲ级；大于 25 为Ⅳ级。具体衡量某工种劳动强度的大小，可请当地劳动保障行政部门安全卫生检测站实地测量和计算。

3）每小时负重 6 次以上、每次负重超过 20 千克的作业，或者间断负重、每次负重超过 25 千克的作业。

（2）女职工在经期禁忌从事的劳动范围：

1）冷水作业分级标准中规定的第二级、第三级、第四级冷水作业；

2）低温作业分级标准中规定的第二级、第三级、第四级低温作业；

3）体力劳动强度分级标准中规定的第三级、第四级体力劳动强度的作业；

4）高处作业分级标准中规定的第三级、第四级高处作业。

（3）女职工在孕期禁忌从事的劳动范围：

1）作业场所空气中铅及其化合物、汞及其化合物、苯、镉、铍、砷、氰化物、氮氧化物、一氧化碳、二硫化碳、氯、己内酰胺、氯丁二烯、氯乙烯、环氧乙烷、苯胺、甲醛等有毒物质浓度超过国家职业卫生标准的作业；

2）从事抗癌药物、己烯雌酚生产，接触麻醉剂气体等的作业；

3）非密封源放射性物质的操作，核事故与放射事故的应急处置；

4）高处作业分级标准中规定的高处作业；

5）冷水作业分级标准中规定的冷水作业；

6）低温作业分级标准中规定的低温作业；

7）高温作业分级标准中规定的第三级、第四级的作业；

8）噪声作业分级标准中规定的第三级、第四级的作业；

9）体力劳动强度分级标准中规定的第三级、第四级体力劳动强度的作业；

10）在密闭空间、高压室作业或者潜水作业，伴有强烈振动的作业，或者需要频繁弯腰、攀高、下蹲的作业。

（4）女职工在哺乳期禁忌从事的劳动范围：

1）孕期禁忌从事的劳动范围的第一项、第三项、第九项；

2）作业场所空气中锰、氟、溴、甲醇、有机磷化合物、有机氯化合物等有毒物质浓度超过国家职业卫生标准的作业。

◎案例

一家建筑公司在当地承包建设一幢多层居民楼工程，该公司许多工人将妻子、女友带在身边帮助料理生活。工程建设中，因部分工人回家秋收，耽误了几天工期，公司负责人就让部分家属一起做些杂活，待临近工程完工时，公司接到新的施工任务，将大部分工人调往新的施工工地，只留几名男工和他们的妻子或女友“收尾”。一天，当地安全生产监督管理行政主管部门与劳动保障行政部门到该公司施工现场联合检查安全生产、劳动保护情况，发现5名女性在三层拆除脚手架，遂令公司负责人到场说明情况。公司负责人辩称“她们不是职工，上脚手架是帮男人的忙，我们没看到”。但据调查，公司负责人为赶竣工验收日期，口头许下每天50元的报酬。

◎法律分析

本案例中，建筑公司负责人让女性从事脚手架拆除作业是违法的。首先，登高架设作业属于特种作业，指在高处从事脚手架、跨越架架设或拆除的作业，从业者必须经专门的安全技术培训并考核合格，取得《中华人民共和国特种作业操作证》才可上岗作业。其次，根据《妇女权益保障法》《女职工劳动保护特别规定》，不得安排不适合妇女从事的工作和劳动，显然，拆除脚手架这类对力量要求高的重活并不适合妇女从事。该公司借口“她们不是公司职工”而默许其违规从事不适合妇女的危险工作是侵犯妇女合法权益的，安全生产、劳动保障行政部门可责令其改正，处以罚款。

12. 用人单位不得安排未成年工从事哪些劳动？

《劳动法》第六十四条规定：“不得安排未成年工从事矿山井下、有毒有害、国家规定的第四级体力劳动强度的劳动和其他禁忌从事的劳动。”

《中华人民共和国未成年人保护法》第三十八条规定：“任何组织

或者个人按照国家有关规定招用已满16周岁未满18周岁的未成年人的，应当执行国家在工种、劳动时间、劳动强度和保护措施等方面的规定，不得安排其从事过重、有毒、有害等危害未成年人身心健康的劳动或者危险作业。”

《未成年工特殊保护规定》（劳部发〔1994〕498号）第三条规定，用人单位不得安排未成年工从事以下范围的劳动：

（1）《生产性粉尘作业危害程度分级》国家标准中第一级以上的接尘作业；

（2）《有毒作业分级》国家标准中第一级以上的有毒作业；

（3）《高处作业分级》国家标准中第二级以上的高处作业；

（4）《冷水作业分级》国家标准中第二级以上的冷水作业；

（5）《高温作业分级》国家标准中第三级以上的高温作业；

（6）《低温作业分级》国家标准中第三级以上的低温作业；

（7）《体力劳动强度分级》国家标准中第四级体力劳动强度的作业；

（8）矿山井下及矿山地面采石作业；

（9）森林业中的伐木、流放及守林作业；

（10）工作场所接触放射性物质的作业；

（11）有易燃易爆、化学性烧伤和热烧伤等危险性大的作业；

（12）地质勘探和资源勘探的野外作业；

（13）潜水、涵洞、涵道作业和海拔3 000米以上的高原作业（不包括世居高原者）；

（14）连续负重每小时在6次以上且每次超过20千克，间断负重每次超过25千克的作业；

（15）使用凿岩机、捣固机、气镐、气铲、铆钉机、电锤的作业；

（16）工作中需要长时间保持低头、弯腰、上举、下蹲等强迫体位和动作频率每分钟大于50次的流水作业；

（17）锅炉司炉。

◎案例

韩某承包了某煤矿的3号矿区，承包合同中要求向该煤矿上缴人民币120万元，其余收入归承包人所有，承包人有权决定生产经营、人员安排等事项。由于韩某管理有方，生产经营取得良好业绩。该煤矿决定将5号矿区也按3号矿区的条件承包给韩某。韩某决定在当地招用35名矿工。附近群众都知道韩某经营有方，在韩某矿上干活待遇较好，应招报名者有200多人，许多人托熟人拉关系才得以当上矿工。姜某初中毕业后因家庭经济困难没有上高中，一直在家务农，听说矿山招工，也找人帮忙，希望能到矿山干活。韩某知道姜某刚满17周岁，不愿录用。姜某说自己能干重活，家里的农活都是自己干的，韩某经不住姜某恳求和熟人求情，同意录用了姜某。此外，还录用了两名未成年人和两名女工。35名新录用的矿工在第3天就由老工人带领下井工作，一周后已能独立作业。一天，姜某正在井下装煤，一辆旧矿车失控，将姜某撞成重伤。姜某被送往医院抢救，虽然保住了性命，但高位截瘫，生活不能自理，抢救住院花费人民币1万多元。姜某父母要求该煤矿支付住院医疗费用和伤残金，姜某今后的生活由该煤矿负责。矿领导认为姜某在韩某承包的矿区受伤，应找韩某解决。找韩某时，韩某拿出与35名矿工签订的有“若出现一切事故，由工人自己负责，与承包人无关”的劳动合同，拒绝承担责任。姜某父母再次找到该煤矿，经该煤矿出面协调，韩某与姜某父母达成“协议”：韩某支付医疗费2万元，支付一次性伤残补助5 000元。姜某今后一切问题与韩某及煤矿无关。

◎**法律分析**

本例中，根据我国《劳动法》《未成年工特殊保护规定》《中华人民共和国劳动合同法》（以下简称《劳动合同法》）《工伤保险条例》等法律、法规，煤矿及韩某在以下方面违反相关规定：①韩某违反《劳动法》第五十九条、第六十四条，《未成年工特殊保护规定》第三条规定，招用女工和未成年工从事矿山井下作业；②韩某与工人签订的劳动合同俗称“生死合同”，违反《劳动合同法》第二十六条的相关规定，是属于用人单位免除自己的法定责任、排除劳动者权利的无效合同；③事故发生后用人单位对姜某各项待遇的处理方式违反《劳动法》《工伤保险条例》有关规定。

当地劳动保障行政部门应对煤矿及韩某招用女工、未成年工从事矿山井下作业的行为处以相应的罚款。如果姜某及其父母向当地劳动争议仲裁委员会申请仲裁，当地劳动争议仲裁委员会应当根据工伤处理的有关法律规定，妥善处理相关问题。

13. 什么是职业培训?

职业培训是一种按照不同职业岗位的要求对接受培训的人进行职业知识与实际技能培养和训练的职业教育活动，其目标在于把青年劳动者培养成为具有一定文化知识和技术素质的合格的劳动者，把具备一定职业经历的人训练成适应新技术要求或新的职业岗位需要的劳动者，以适应就业和转换职业的需要。

1996 年 9 月 1 日实施的《中华人民共和国职业教育法》，明确了各级各类职业学校教育和各种形式的职业培训并举的职业教育体系，确立了职业教育多元化办学发展的方针，提供了发展职业教育的保障条件，是一部全面规范职业教育活动的法律。

◎案例

林某是一家三星级酒店的厨师，2012 年 12 月进入该酒店时与酒店签订了为期三年的劳动合同。2013 年年初酒店经过调查后发现港式口味的菜肴市场前景很好，于是酒店派遣林某到香港一家厨艺学校进行为期三个月的培训。在这三个月期间，酒店照常发给林某基本工资，同时为林某在香港的培训支付了培训费 6 000 元。林某回到酒店后推出的一系列港式菜肴果然给酒店带来了可观的经济效益。2014 年 1 月，林某向酒店提出要提前解除劳动合同，酒店与林某经过多次协商，林某仍然坚持要离开。在林某与酒店签订的劳动合同中约定，提前解除劳动合同的乙方须承担违约金 4 000 元。林某愿意缴纳 4 000 元违约金，但却不同意酒店提出的支付培训费 6 000 元的要求。

◎法律分析

该案的争议在现实生活中较具典型性，用人单位支付了大笔培训费培训本单位职工后，职工却不愿继续为用人单位工作。用人单位不仅损失了培训费用，而且往往是为竞争对手培养了人才。该案中林某所在的酒店可以向林某追索培训费。

首先，该案中林某所接受的培训学习不是一种基本职业技能训练，而是一种提高训练。该酒店不负有对林某进行厨艺水平提高培训的义务。

其次，享有向职工追索培训费权利的用人单位，必须是有支付货币凭证的出资对职工进行各类技术培训的用人单位。酒店为林某提高厨艺出资 6 000 元进行培训，有支付货币凭证，因此林某所在的酒店具备了向职工追索培训费的必要条件。

最后，林某所在的酒店可以向林某追索 6 000 元培训费。因为由企业出资（有支付凭证）对职工进行文化技术业务培训的，当该职工提出与企业解除劳动关系时，已签订培训合同的按培训合同执行，未签订培训合同的按劳动合同执行。因培训费用发生争议的，按国家有关劳动争议处理的规定处理。用人单位出资（指有支付货币凭证的情况）对职工进行各类技术培训，职工提出与单位解除劳动关系的如果在试用期内，则用人单位不得要求劳动者支付该项培训费用。如果试用期满，在合同期内，则用人单位可以要求劳动者支付该项培训费用。具体支付办法是：约定服务期的，按服务期等分出资金额，以职工已履行的服务期限递减支付；没约定服务期的，按劳动合同期等分出资金额，以职工已履行的合同期限递减支付；没有约定合同期的，按 5 年服务期等分出资金额，以职工已履行的服务期递减支付；双方对递减计算方式已有约定的，从其约定。如果合同期满，职工要求终止合同，则用人单位不得要求劳动者支付该项培训费用。如果是由用人单位出资招用的职工，职工在合同期内（包括试用期）解除与用人单位的劳动合同，则该用人单位可按照国家有关规定向职工索赔。就该案而言，林某与酒店没有就有关培训事宜签订培训合同，只能依照劳动合同执行，林某应该在该酒店继续服务至合同期限届满。现在，林某提前提出解除劳动合同，违反了双方劳动合同期限的约定，违约者须承担相应的责任，即支付合同约定的违约金 4 000 元及林某的违约给酒店造成的经济损失——包括以已履行的合同期限递减支付的培训费 3 833.33 元和可得利益的损失。

14. 什么是依法参加和组织工会权？

《劳动法》第七条规定：“劳动者有权依法参加和组织工会。”《中华人民共和国工会法》（以下简称《工会法》）也规定，我国工会是“职工自愿结合的工人阶级的群众组织”。依法参加和组织工会权，是法律赋予我国劳动者结社方面的权利。凡是在中国境内的企业、事业单位、机关中以工资收入为主要生活来源的体力劳动者和脑力劳动者，不分民族、种族、性别、职业、宗教信仰、教育程度，都有依法参加和组织工会的权利，任何人、任何组织不得以任何借口阻碍劳动者这一权利的行使。

职工加入工会一般须由本人提出申请，承认工会章程，经工会基层委员会批准，并发给会员证就可成为工会会员，依法行使工会会员的权利，并获得工会的保护。

按照《工会法》的有关规定，用人单位阻挠职工依法参加和组织工会或者阻挠上级工会帮助、指导职工筹建工会的，由劳动保障行政部门责令其改正；拒不改正的，由劳动保障行政部门提请县级以上人民政府处理；以暴力、威胁等手段阻挠造成严重后果，构成犯罪的，依法追究刑事责任。

◎案例

某公司是一家制造业的私营企业，公司成立以来没有与职工签订劳动合同、办理并缴纳社会保险、支付职工加班费等，这种行为严重侵犯了职工合法权益。针对上述企业行为，新成立的工会代表职工与公司协商，要求公司按《劳动法》的规定履行自己的法定义务。公司对工会的要求不予理睬，在多次协商未果的情况下，工会主席王某将企业违反《劳动法》的事实向劳动保障行政部门进行了反映。在劳动保障行政部门的监督之下，公司履行了自己的法定义务。但公司也以某种理由将王某开除，王某对开除决定不服，申请劳动仲裁。经审理，劳动争议仲裁委员会以公司开除王某的理由不足，撤销了该公司的开除决定，要求公司继续履行与王某之间的劳动合同。

◎法律分析

《工会法》第六条规定，维护职工合法权益是工会的基本职责。

工会在维护全国人民总体利益的同时，代表和维护职工的合法权益。第五十二条规定，职工因参加工会活动或工会工作人员因履行《工会法》规定的职责而被解除劳动合同的，由劳动保障行政部门责令恢复其工作，并补发被解除劳动合同期间应得的报酬，或者责令给予本人年收入二倍的赔偿。

王某依法维权，是法律赋予工会主席的权利和职责。公司对工会的正当要求应给予积极配合和支持。但是，公司对王某的正确行为不仅不给予支持，反而以各种理由阻挠，甚至解除与王某的劳动合同，显然，公司的行为违反了《工会法》的规定。劳动争议仲裁委员会依法裁决公司撤销解除王某的劳动合同决定，继续履行劳动合同是正确的。

15. 什么是职工民主管理权？

法律赋予我国劳动者通过合法形式参与本单位民主管理的权利，我们称为职工民主管理权。职工民主管理权是指职工在本企业范围内通过职代会和其他形式，审议企业重大决策、监督企业管理者，从而维护职工合法权益的一项权利。

我国《宪法》第二条规定：“中华人民共和国的一切权力属于人民。人民依照法律规定，通过各种途径和形式，管理国家事务，管理经济和文化事业，管理社会事务。”《劳动法》第八条规定：“劳动者依照法律规定，通过职工大会、职工代表大会或者其他形式，参与民主管理或者就保护劳动者合法权益与用人单位进行平等协商。”《中华人民共和国公司法》第十八条规定：“公司依照宪法和有关法律的规定，通过职工代表大会或者其他形式，实行民主管理。”《工会法》第六条规定：“工会依照法律规定通过职工代表大会或其他形式，组织职工参与本单位的民主决策、民主管理和民主监督。”第三十七条规定，国有、集体企业以外的“其他企业、事业单位的工会委员会，依照法律规定组织职工采取与企业、事业单位相适应的形式，参与企业、事业单位民主管理”，明确地表明非公有制企业的职工也有权参与企业的民主管理。第十九条规定：“企业、事业单位违反职工代表大会制度和其他民主管理制度，工会有权要求纠正，保障职工依法行使民主管理的权利。”

除地方特殊规定外，一般情况下我国只在国有企业和集体企业实行职工代表大会制度，而在其他类型的企业，如非公有制企业，劳动者可以通过依法组建的工会或其他形式来行使民主管理的权利。

16. 什么是提请劳动争议处理权?

劳动争议是劳动者与用人单位之间因实现劳动权利和履行劳动义务而发生的纠纷，如因工资没有及时支付给劳动者、因用人单位开除劳动者或劳动者辞职双方发生劳动争议。

由于劳动争议的内容直接关系着劳动者的工作和生活，关系着劳动者的切身利益，因此，我国《劳动法》与《劳动争议调解仲裁法》赋予劳动者提请劳动争议处理的权利，也就是在发生劳动争议时，劳动者有权提请有关机构解决，以保护自己的合法权益。

17. 什么是辞职权?

辞职权是指劳动者享有的法律规定的解除与用人单位劳动法律关系的权利。我国劳动力市场进行改革后，允许劳动者和用人单位双向选择，以达到劳动力资源最佳配置的目的。劳动者不需向用人单位说明理由，就有权单方面提出解除劳动合同，实现自主择业。

关于辞职权《劳动合同法》是有明文规定的。《劳动合同法》第三十六条规定，用人单位与劳动者协商一致，可以解除劳动合同。第三十七条规定，劳动者提前三十日以书面形式通知用人单位，可以解除劳动合同。劳动者在试用期内提前三日通知用人单位，可以解除劳动合同。第三十八条规定，用人单位有下列情形之一的，劳动者可以解除劳动合同：①未按照劳动合同约定提供劳动保护或者劳动条件的；②未及时足额支付劳动报酬的；③未依法为劳动者缴纳社会保险费的；④用人单位的规章制度违反法律、法规的规定，损害劳动者权益的；⑤以欺诈、胁迫的手段或者乘人之危，使对方在违背真实意思的情况下订立或者变更劳动合同使劳动合同无效的；⑥法律、行政法规规定劳动者可以解除劳动合同的其他情形。用人单位以暴力、威胁或者非法限制人身自由的手段强迫劳动者劳动的，或者用人单位违章指挥、强令冒险作业危及劳动者人身安全的，劳动者可以立即解除劳动合同，不需事先告知用人单位。

18. 劳动者应履行哪些义务?

我国宪法规定，中华人民共和国公民有劳动的权利和义务，一个公民既有劳动的权利，同时又有劳动的义务。劳动者的义务是指《劳动法》等规定的对劳动者必须作出一定行为或不得作出一定行为的约束。权利和义务是密切联系的，任何权利的实现总是以履行义务为条件的，没有义务就没有权利。《劳动法》第三条第二款规定："劳动者应当完成劳动任务，提高职业技能，执行劳动安全卫生规程，遵守劳动纪律和职业道德。"

劳动者有完成劳动任务的义务。劳动者有劳动就业的权利，而劳动者一旦与用人单位发生劳动关系，就必须履行其应尽的义务，其中最主要的义务就是完成劳动生产任务。这是劳动关系范围内的法定的义务，同时也是强制性义务。劳动者不能完成劳动义务，就意味着劳动者违反劳动合同的约定，用人单位可以解除劳动合同。

提高职业技能、执行劳动安全卫生规程，遵守劳动纪律和职业道德，既是劳动者的义务，也是劳动者完成劳动任务的保证。劳动者努力提高职业技能，提高技术业务知识和实际操作技能，成为适应社会主义建设的熟练劳动者，有利于提高劳动生产率，加快社会主义建设的速度。劳动者对国家以及企业内部关于劳动安全卫生规程的规定，必须严格执行，以保障安全生产，从而保证劳动任务的完成。

遵守劳动纪律和职业道德，是作为劳动者的起码条件。我国宪法规定，遵守劳动纪律是公民的基本义务，其意义是重大的。劳动纪律是劳动者在共同劳动中所必须遵守的劳动规则和秩序。它要求每个劳动者按照规定的时间、质量、程序和方法完成自己应承担的工作。劳动者应当履行规定的义务，不断增强国家主人翁责任感，兢兢业业、勤勤恳恳地劳动，保质保量地完成规定的生产任务，自觉地遵守劳动纪律，维护工作制度和生产秩序。职业道德是从业人员在职业活动中应当遵循的道德。职业道德是在职业生活中形成和发展的，调节职业活动中的特殊道德关系和利益矛盾的规范，它是一般社会道德在职业活动中的体现。公民道德建设的基本要求为爱祖国、爱人民、爱劳动、爱科学、爱社会主义，要将职业道德与这些基本要求融为一体，就要做到忠于职守，对社会负责。遵守劳动纪律和职业道德，是保证生产正常进行和提高劳动生产率的需要。

现代社会化的大生产，客观上要求每个劳动者严格遵守劳动纪律，以保证集体劳动的协调一致，从而提高劳动生产率，保证产品质量。劳动者在维护企业和自身利益的同时，还要就自己提供的产品和服务向社会负责，这是现代社会法律要求劳动者必须履行的义务。

19. 用人单位违反《劳动合同法》进行赔偿的情况有哪些？

（1）规章制度违法违规。

《劳动合同法》第八十条规定，用人单位直接涉及劳动者切身利益的规章制度违反法律、法规规定的，由劳动行政部门责令改正，给予警告；给劳动者造成损害的，应当承担赔偿责任。

（2）劳动合同文本违法违规。

《劳动合同法》第八十一条规定，用人单位提供的劳动合同文本未载明《劳动合同法》规定的劳动合同必备条款或者用人单位未将劳动合同文本交付劳动者的，由劳动行政部门责令改正；给劳动者造成损害的，应当承担赔偿责任。

（3）未订立书面劳动合同。

《劳动合同法》第八十二条规定，用人单位自用工之日起超过一个月不满一年未与劳动者订立书面劳动合同的，应当向劳动者每月支付二倍的工资。

用人单位违反《劳动合同法》规定不与劳动者订立无固定期限劳动合同的，自应当订立无固定期限劳动合同之日起向劳动者每月支付二倍的工资。

（4）违法约定试用期。

《劳动合同法》第八十三条规定，用人单位违反《劳动合同法》规定与劳动者约定试用期的，由劳动行政部门责令改正；违法约定的试用期已经履行的，由用人单位以劳动者试用期满月工资为标准，按已经履行的超过法定试用期的期间向劳动者支付赔偿金。

（5）扣押劳动者居民身份证等证件或收取财物。

《劳动合同法》第八十四条规定，用人单位违反《劳动合同法》规定，扣押劳动者居民身份证等证件的，由劳动行政部门责令限期退还劳动者本人，并依照有关法律规定给予处罚。

用人单位违反《劳动合同法》规定，以担保或者其他名义向劳动者收取财物的，由劳动行政部门责令限期退还劳动者本人，并以每人500元以上2 000元以下的标准处以罚款；给劳动者造成损害的，应当承担赔偿责任。

劳动者依法解除或者终止劳动合同，用人单位扣押劳动者档案或者其他物品的，依照前款规定处罚。

（6）涉及劳动报酬以及用人单位解除劳动合同对劳动者的赔偿。

《劳动合同法》第八十五条规定，用人单位有下列情形之一的，由劳动行政部门责令限期支付劳动报酬、加班费或者经济补偿；劳动报酬低于当地最低工资标准的，应当支付其差额部分；逾期不支付的，责令用人单位按应付金额50％以上100％以下的标准向劳动者加付赔偿金：

1）未按照劳动合同的约定或者国家规定及时足额支付劳动者劳动报酬的；

2）低于当地最低工资标准支付劳动者工资的；

3）安排加班不支付加班费的；

4）解除或者终止劳动合同，未按照《劳动合同法》规定向劳动者支付经济补偿的。

（7）劳动合同无效或部分无效。

《劳动合同法》第八十六条规定，劳动合同存在下列情况被确认无效，给对方造成损害的，有过错的一方应当承担赔偿责任。

1）以欺诈、胁迫的手段或者乘人之危，使对方在违背真实意思的情况下订立或者变更劳动合同的；

2）用人单位免除自己的法定责任、排除劳动者权利的；

3）违反法律、行政法规强制性规定的。

（8）用人单位违规解除或终止劳动合同。

《劳动合同法》第八十七条规定，用人单位违反《劳动合同法》规定解除或者终止劳动合同的，应当依照《劳动合同法》第四十七条规定的经济补偿标准的二倍向劳动者支付赔偿金。

第四十七条规定，经济补偿按劳动者在本单位工作的年限，每满一年支付一个月工资的标准向劳动者支付。六个月以上不满一年的，按一年计算；不满六个月的，向劳动者支付半个月工资的经济补偿。

劳动者月工资高于用人单位所在直辖市、设区的市级人民政府公布的本地区上年度职工月平均工资三倍的，向其支付经济补偿的标准按职工月平均工资三倍的数额支付，向其支付经济补偿的年限最高不超过十二年。

（9）强迫劳动或存在危及劳动者人身安全、健康和自由的行为。

《劳动合同法》第八十八条规定，用人单位有以下四类情形的，将依法给予行政处罚；构成犯罪的，依法追究刑事责任；给劳动者造成损害的，应当承担赔偿责任。

四种情形包括：以暴力、威胁或者非法限制人身自由的手段强迫劳动的；违章指挥或者强令冒险作业危及劳动者人身安全的；侮辱、体罚、殴打、非法搜查或者拘禁劳动者的；劳动条件恶劣、环境污染严重，给劳动者身心健康造成严重损害的。

（10）未向劳动者出具解除或者终止劳动合同的书面证明。

《劳动合同法》第八十九条规定，用人单位违反《劳动合同法》

规定未向劳动者出具解除或者终止劳动合同的书面证明，由劳动行政部门责令改正；给劳动者造成损害的，应当承担赔偿责任。

（11）招用尚未解除或者终止劳动合同的劳动者。

《劳动合同法》第九十一条规定，用人单位招用与其他用人单位尚未解除或者终止劳动合同的劳动者，给其他用人单位造成损失的，应当承担连带赔偿责任。

（12）违法进行劳务派遣业务。

《劳动合同法》第九十二条规定，违反《劳动合同法》规定，未经许可，擅自经营劳务派遣业务的，由劳动行政部门责令停止违法行为，没收违法所得，并处违法所得一倍以上五倍以下的罚款；没有违法所得的，可以处 50 000 元以下的罚款。

劳务派遣单位、用工单位违反《劳动合同法》有关劳务派遣规定的，由劳动行政部门责令限期改正；逾期不改正的，以每人 5 000 元以上 10 000 以下的标准处以罚款，对劳务派遣单位，吊销其劳务派遣业务经营许可证。用工单位给被派遣劳动者造成损害的，劳务派遣单位与用工单位承担连带赔偿责任。

（13）用人单位不具备合法经营资格。

《劳动合同法》第九十三条规定，对不具备合法经营资格的用人单位的违法犯罪行为，依法追究法律责任；劳动者已经付出劳动的，该单位或者其出资人应当依照《劳动合同法》有关规定向劳动者支付劳动报酬、经济补偿、赔偿金；给劳动者造成损害的，应当承担赔偿责任。

20. 劳动规章制度的制定是用人单位一方说了算吗?

《劳动合同法》第四条规定，用人单位在制定、修改或者决定有关劳动报酬、工作时间、休息休假、劳动安全卫生、保险福利、职工培训、劳动纪律以及劳动定额管理等直接涉及劳动者切身利益的规章制度或者重大事项时，应当经职工代表大会或者全体职工讨论，提出方案和意见，与工会或者职工代表平等协商确定。

在规章制度和重大事项决定实施过程中，工会或者职工认为不适当的，有权向用人单位提出，通过协商予以修改完善。用人单位应当将直接涉及劳动者切身利益的规章制度和重大事项决定公示，或者告知劳动者。

《劳动合同法》第八十条规定，用人单位直接涉及劳动者切身利益的规章制度违反法律、法规规定的，由劳动行政部门责令改正，给予警告；给劳动者造成损害的，应当承担赔偿责任。

21. 劳务派遣工享有同工同酬的权利吗？

劳务派遣工即被派遣劳动者。劳务派遣与劳务关系有区别，劳务关系缺乏相应的劳动法律规范，主要适用于《民法通则》《合同法》等。劳务派遣工与劳务派遣单位，即用人单位，签订劳动合同。劳务派遣单位与接受被派遣劳动者的单位，即用工单位，签订的是劳务派

遣协议，并应当将劳务派遣协议的内容告知劳务派遣工。近些年使用劳务派遣工已经成为普遍现象，但在实际操作中，劳务派遣工被“招之即来，挥之即去”，部分单位将其当长期职工使用，工资待遇低，不能享受同工同酬的权利，社会保险等费用与合同工差别大，严重损害了劳务派遣工的合法权益。

针对这一问题，2008 年 1 月 1 日起实施的《劳动合同法》以“法”的形式对劳务派遣用工加以规范，从而保障了劳动者的权益。最关键的一点是明确了劳务派遣工享有同工同酬的权利。《劳动合同法》规定了劳务派遣合同的期限，即劳务派遣单位与被派遣劳动者签订的劳动合同，必须是期限至少两年的固定期限劳动合同。合同期间，用人单位应当履行用人单位对劳动者的义务，如果劳动者没有被派遣到任何用工单位，劳务派遣单位就必须“养”着劳动者，按月支付其最低工资，并照常缴纳社会保险费用。

劳务派遣劳动合同与一般劳动合同最大的区别之一，就是其必备条款在一般劳动合同的基础上增加了三条：一是合同中必须约定派遣去的用工单位；二是必须约定派遣期限；三是必须约定工作岗位。不仅如此，《劳动合同法》对劳务派遣用工的岗位范围作出明确规定，即劳务派遣只能在三种工作岗位上实施：临时性岗位、辅助性岗位和替代性岗位。

过去劳务派遣用工当中，对用工单位没有规定义务。对此《劳动合同法》对用工单位规定了 5 项其必须履行的义务，这其中包括：①用工单位必须执行国家劳动标准，为被派遣劳动者提供相应的劳动条件和劳动保护；②告知被派遣劳动者的工作要求和劳动报酬；③支付加班费、绩效奖金，提供与工作岗位相关的福利待遇；④对在岗被派遣劳动者进行工作岗位所必需的培训；⑤连续用工的，实行正常的工资调整机制。并且《劳动合同法》要求用工单位不得将被派遣劳动者再派遣到其他用人单位。

劳务派遣工享有与用工单位的劳动者同工同酬的权利，这是《劳动合同法》的一大亮点。该法强调，如果劳务派遣工所从事的工作，用工单位无同类岗位劳动者的，参照用工单位所在地相同或者相近岗位劳动者的劳动报酬确定。

◎案例

老王是一名劳务派遣工，他以劳务派遣的身份在企业足足工作了近10年，但这并不能平息他心中的怨气。在这家大型国企内，老王做得不比别人少，但拿的钱却不一样。和正式职工比，每月工资足足少1/3。整个公司内部，有编制的职工收入最高，即便是派遣职工，还要分两个档次。老王在这么多年的工作中，越来越体会到“三六九等”的含义。不仅仅是工资不公平，平时的福利待遇对于这些派遣职工来说，更是天壤之别。自己为企业付出了同样的劳动力，得不到平等的待遇。劳务派遣近年来的确得到了迅猛发展，这种用工形式被许多企业理解为“减少薪酬、规避责任”“同工不同酬”，大量压缩了工资，一旦有工伤事故追究安全生产责任等情况发生，一句“不是我的职工”，企业就可以轻松脱身。在劳务派遣关系中，一些劳务派遣工被不少企业视为“外人”，即使他们干得再好、付出再多的努力，往往也不能得到更好的发展。

◎法律分析

我国《劳动合同法》第六十三条规定：“被派遣劳动者享有与用工单位的劳动者同工同酬的权利。用工单位应当按照同工同酬原则，对被派遣劳动者与本单位同类岗位的劳动者实行相同的劳动报酬分配办法。用工单位无同类岗位劳动者的，参照用工单位所在地相同或者相近岗位劳动者的劳动报酬确定。”故老王作为一名被派遣劳动者可依照《劳动合同法》来维护自己的权利，具体依据参照如下法律条款。《劳动合同法》第五十八条规定，劳务派遣单位是本法所称用人单位，应当履行用人单位对劳动者的义务。劳务派遣单位与被派遣劳动者订立的劳动合同，除应当载明用人单位的名称、住所和法定代表人或者主要负责人，劳动者的姓名、住址和居民身份证或者其他有效身份证件号码，劳动合同期限，工作内容和工作地点，工作时间和休息休假，劳动报酬，社会保险，劳动保护、劳动条件和职业危害防护，法律、法规规定应当纳入劳动合同的其他事项外，还应当载明被派遣劳动者的用工单位以及派遣期限、工作岗位等情况。劳务派遣单位应当与被派遣劳动者订立二年以上的固定期限劳动合同，按月支付劳动报酬；被派遣劳动者在无工作期间，劳务派遣单位应当按照所在地人民政府规定的最低工资标准，向其按月支付报酬。第五十九条规定，劳务派遣单位派遣劳动者应当与用工单位订立劳务派遣协议。劳务派遣协议应当约定派遣岗位和人员数量、派遣期限、劳动报酬和社会保险费的数额与支付方式以及违反协议的责任。用工单位应当根据工作岗位的实际需要与劳务派遣单位确定派遣期限，不得将连续用工期限分割订立数个短期劳务派遣协议。第六十条规定：“劳务派遣单位应当将劳务派遣协议的内容告知被派遣劳动者。劳务派遣单位不得克扣用工单位按照劳务派遣协议支付给被派遣劳动者的劳动报酬。劳务派遣单位和用工单位不得向被派遣劳动者收取费用。”第六十一条规定：“劳务派遣单位跨地区派遣劳动者的，被派遣劳动者享有的劳动报酬和劳动条件，按照用工单位所在地的标准执行。”第六十二条规定：“用工单位应当履行下列义务：①执行国家劳动标准，提供相应的劳动条件和劳动保护；②告知被派遣劳动者的工作要求和劳动报酬；③支付加班费、绩效奖金，提供与工作岗位相关的福利待遇；④对在岗被派遣劳动者进行工作岗位所必需的培训；⑤连续用工的，实行正常的工资调整机制。用工单位不得将被派遣劳动者再派遣到其他用人单位。”第六十四条规定：“被派遣劳动者有权在劳务派遣单位或者用工单位依法参加或者组织工会，维护自身的合法权益。”

第二部分 劳动合同

一、劳动合同的订立

22. 什么是劳动合同？

我国《劳动法》第十六条规定："劳动合同是劳动者与用人单位确立劳动关系、明确双方权利和义务的协议。建立劳动关系应当订立劳动合同。"

我国《劳动合同法》第十六条规定："劳动合同由用人单位与劳动者协商一致，并经用人单位与劳动者在劳动合同文本上签字或者盖章生效。劳动合同文本由用人单位和劳动者各执一份。"

劳动合同是合同的一种。它具有一般合同所具有的法律特征。

（1）劳动合同是双方当事人意思表示一致的法律行为，而不是单方的法律行为。

（2）劳动合同是合法行为，即合同的主体、形式、内容、履行及当事人之间订立、变更、终止或者解除劳动合同等，必须遵守国家法律的规定。

（3）劳动合同是劳动者与用人单位确立劳动关系的协议，是实现劳动权利的法律形式和手段。除具有如上所述的一般合同的特征外，还具有自己独特的法律特征：

1）就主体而言，劳动合同的主体是特定的。劳动合同必须由用人单位和劳动者双方合意构成。劳动合同当事人必须一方是企业、事业单位、机关、社会团体等用人单位，即劳动力的使用者；另一方是劳动者本人，即劳动力的所有者。因此，可成为劳动合同主体的劳动者，必须具有提供劳动力的能力；而用人单位必须有使用劳动力的能力，即具有特定资格的法人或者其他依法成立的组织、团体。

2）因劳动合同而确立的劳动关系具有从属性。在缔结劳动合同时，劳动者和用人单位双方处于平等的法律地位，自由协商而决定劳动合同的内容。在履行劳动合同的过程中，由于劳动者纳入用人单位生产体系从事劳动，必须服从用人单位的指挥监督，因而形成劳动关系的从属性。

3）就内容而言，劳动合同是以确立劳动关系为目的，以明确双方当事人权利和义务为内容的协议。

4）在劳动合同关系中，由于用人单位基于经济上的力量，较之劳动者具有优势地位。因此，为维护弱者一方——劳动者的合法权益，国家往往大量介入劳动合同，形成劳动合同有别于一般私法上合同的社会性。国家法律大量介入劳动合同，以法律规定劳动合同的必备内容与劳动条件最低标准，使劳动合同内容受到国家法律的较大影响。

23. 订立劳动合同应当遵循哪些原则？

我国《劳动法》第十七条规定：“订立和变更劳动合同，应遵循平等自愿、协商一致的原则，不得违反法律、行政法规的规定。”《劳动合同法》第三条规定："订立劳动合同，应当遵循合法、公平、平等自愿、协商一致、诚实信用的原则。依法订立的劳动合同具有约束力，用人单位与劳动者应当履行劳动合同约定的义务。"明确了劳动者和用人单位签订劳动合同必须遵循的五项基本原则。

（1）合法原则。这项原则要求劳动者和用人单位签订劳动合同必须遵守法律规范。

1）主体合法。即劳动合同双方当事人都必须具有合法资格，劳动者应当具有劳动权利能力和劳动行为能力。例如，劳动者应当年满16周岁，达到法定就业年龄，具有与履行劳动合同义务相适应的能力；用人单位应当具有用人的权力能力和行为能力，应当依法成立，能够依法支付工资、缴纳社会保险费、提供劳动保护条件等。

2）内容合法。劳动合同的内容必须合法是指劳动合同规定的各项条款不得违反法律、行政法规的规定。

3）形式合法。《劳动法》规定，劳动合同应当以书面形式订立，方为合法。

（2）公平原则。法律规定，订立劳动合同须遵循公平的原则，不公平的行为是法律所禁止的。例如，同工不同酬、歧视女性等，这些现象违反了公平原则，侵犯了劳动者的合法权益，在相关法律、法规中是明确禁止的。

（3）平等自愿原则。平等是指劳动者和用人单位双方当事人在法律地位上平等。自愿是指劳动者与用人单位双方通过协商，自愿决定和调整相互权利义务关系。凡是采取欺诈、威胁等手段，把自己的意志强加给对方或者合同条款与当事人双方的意志不一致，都不符合自愿原则。

（4）协商一致原则。协商一致是指劳动者与用人单位双方对劳动合同的内容进行充分协商，达到双方对权利、义务意思表示一致。

（5）诚实信用原则。用人单位与劳动者双方都有知情权，都不得故意隐瞒与订立合同有关的重要事实或者提供虚假情况，不得泄露或者不正当地使用知悉的商业秘密，应当履行通知、协助、保密等义务。

24. 没有签订劳动合同就不存在劳动关系吗？

劳动合同被认为是保护劳动者权利、规定劳动者义务的有效载体，而用人单位也用劳动合同来规范用工双方的权利义务。但很多用人单位认为没有劳动合同就可以不按照法律规定办事，劳动者也认为没有签订劳动合同被解雇不受《劳动法》的保护，这是对劳动关系的错误理解。

虽然我国法律明确规定劳动者与用人单位应当签订劳动合同，这只能说明只要劳动者和用人单位之间存在有效的劳动合同，他们之间就存在劳动关系。但是，这不能说明没有劳动合同就不存在劳动关系。劳动者与用人单位之间只要形成了事实上的劳动关系，劳动者和用人单位之间的关系就属于《劳动法》的调整范围，用人单位和劳动者理应履行各自的义务，劳动者也理应得到保护。用人单位与劳动者之间形成了事实劳动关系，而用人单位故意拖延，不订立劳动合同，劳动保障行政部门应予以纠正。用人单位自用工之日起超过一个月不满一年未与劳动者订立书面劳动合同的，应当向劳动者每月支付二倍的工资，满一年不与劳动者订立书面劳动合同的，自用工之日起满一个月的次日至满一年的前一日应当向劳动者每月支付二倍的工资，并视为自用工之日起满一年的当日已经与劳动者订立无固定期限劳动合同，应当立即与劳动者补订书面劳动合同。用人单位因此给劳动者造成损害的，应按相应规定进行赔偿。

◎案例

刘某于2013年1月8日被A公司聘为销售人员，月工资底薪1 500元，底薪之上按完成的销售额提成8%。被雇用期间该公司未与刘某签订劳动合同，也未按国家规定向社保机构缴纳各项保险费，但口头上承诺会根据工作业绩补签合同和补缴各项社会保险费用。刘某认为找到一份工作不容易，而且公司的发展环境还说得过去，就劳动合同的事未继续找公司领导询问。2014年2月15日，刘某因背后发了几句牢骚，还顶撞了领导，公司管理层就以销售人员富余为由，将刘某解雇，工资支付到解除当日。刘某不服公司的解雇决定，于2014年3月1日向当地劳动争议仲裁委员会申请仲裁。后经劳动争议仲裁委员会的调解，A公司承认雇用刘某而不签订劳动合同以及解雇刘某的处理是错误的，违反了《劳动法》，导致劳动纠纷发生，并主动提出撤销解雇的决定，请刘某尽快上班。刘某认为劳动纠纷已经发生，和公司管理层之间的关系没法协调，不愿回去继续工作，要求企业给予1个月工资的经济补偿金，并补缴其工作期间的各项社会保险费。A公司同意刘某的这些要求，并按规定补缴了企业应缴的社会保险费用，同时承担了所有诉讼费用，双方达成调解协议。

◎法律分析

目前，仲裁和司法机关对事实劳动关系争议案件的处理原则如下：

（1）用人单位与劳动者未依法办理劳动合同签订手续而形成的事实劳动关系引发的劳动争议，一般按以下原则处理：①双方同意维持劳动关系的，用人单位应当与劳动者协商补签劳动合同，补办相关手续。②劳动者不同意维持劳动关系的，如自用工之日起一个月内，经用人单位书面通知后，劳动者不与用人单位订立书面劳动合同的，用人单位应当书面通知劳动者终止劳动关系，无须向劳动者支付经济补偿，但是应当依法向劳动者支付其实际工作时间的劳动报酬。若用人单位自用工之日起超过一个月不满一年未与劳动者订立书面劳动合同，且劳动者不与用人单位订立书面劳动合同的，用人单位应当书面通知劳动者终止劳动关系，并依照《劳动合同法》第四十七条的规定支付经济补偿。③用人单位和劳动者不具备签订劳动合同条件的，事实劳动关系应予解除，建议有关部门予以查处。由于用人单位原因形成事实劳动关系对劳动者造成损害的，应由用人单位给予劳动者相应的赔偿。

（2）劳动合同期满后企业或职工未办理终止或续订劳动合同手续，形成事实劳动关系，由此引发的劳动争议可参照原劳动合同的劳动权利、义务内容进行处理。

25. 用人单位可否与劳动者约定两次以上的试用期?

《劳动合同法》规定同一用人单位与同一劳动者只能约定一次试用期。《劳动合同法》对试用期也进行了严格规定，以完成一定工作任务为期限的劳动合同或者劳动合同期限不满三个月的，不得约定试用期；劳动合同期限三个月以上不满一年的，试用期不得超过一个月；劳动合同期限一年以上不满三年的，试用期不得超过两个月；三年以上固定期限和无固定期限的劳动合同，试用期不得超过六个月。试用期的工资，不得低于本单位相同岗位最低档工资或者劳动合同约定工资的80%，并不得低于用人单位所在地的最低工资标准。试用期内，除以下情形外，用人单位不得解除劳动合同：①在试用期间被证明不符合录用条件的；②严重违反用人单位的规章制度的；③严重失职，营私舞弊，给用人单位造成重大损害的；④劳动者同时与其他用人单位建立劳动关系，对完成本单位的工作任务造成严重影响，或者经用人单位提出，拒不改正的；⑤以欺诈、胁迫的手段或者乘人之危，使对方在违背真实意思的情况下订立或者变更劳动合同致使劳动合同无效的；⑥被依法追究刑事责任的；⑦劳动者患病或者非因工负伤，在规定的医疗期满后不能从事原工作，也不能从事由用人单位另行安排的工作的；⑧劳动者不能胜任工作，经过培训或者调整工作岗位，仍不能胜任工作的。

◎案例

2013 年 5 月，小李到某市机械厂应聘，该厂与其签订一年的劳动合同，试用期为 6 个月，工资 1 800 元。试用期到期前 10 天，该厂表示对其还需考察，如果小李同意，厂里再与其续签 3 个月的试用期。小李为了今后能留在厂里工作，便同意再签 3 个月的试用期。合同到期前，该公司通知小李在试用期内未达录用条件，不再录用。

◎法律分析

根据《劳动合同法》的规定，同一用人单位与同一劳动者只能约定一次试用期。如果用人单位违反了试用期制度，按照《劳动合同法》第八十三条的规定，用人单位违反本法规定与劳动者约定试用期的，由劳动行政部门责令改正；违法约定的试用期已经履行的，由用人单位以劳动者试用期满月工资为标准，按已经履行的超过法定试用期的期间向劳动者支付赔偿金。用人单位除了违反规定与劳动者约定两次试用期外，还违规与劳动者签订过长的试用期，小李与用人单位签订的劳动合同期限仅为一年，却前后分别签订了六个月、三个月的试用期，按照《劳动合同法》第十九条规定，劳动合同期限一年以上不满三年的，试用期不得超过二个月。

26. 劳动合同与集体合同有什么联系和区别？

劳动合同与集体合同作为《劳动法》中的两种合同形式，存在一定的联系。一般而言，从历史角度看，集体合同是在劳动合同的基础上产生和发展起来的，且集体合同的效力高于劳动合同，用人单位与劳动者订立的劳动合同中劳动报酬和劳动条件等标准不得低于集体合同规定的标准，集体合同中劳动报酬和劳动条件等标准不得低于当地人民政府规定的最低标准。在集体合同订立之前已经订立的劳动合同，劳动条件低于集体合同规定的劳动条件标准的，以集体合同规定的劳动条件为准；在集体合同订立之后订立的劳动合同，可以按集体合同规定的劳动条件为最低标准与用人单位订立劳动合同。对于劳动合同没有规定或者规定不详的事项，集体合同具有补充的功能。

二者既有相同之处，又各具特色。主要区别如下：

（1）目的不同。劳动合同是劳动者个人与用人单位确立劳动关系、明确双方权利义务的协议，劳动合同的目的在于在双方当事人之间建立劳动关系，利用合同制度保护当事人的权利；实行集体合同的目的是为了维护劳动者整体的合法权益，调整和改善劳动关系，促进企业和劳动者的共同发展。

（2）主体不同。劳动合同的主体是单个用人单位和单个劳动者；集体合同的主体是用人单位或用人单位团体与由工会代表的全体职工。尚未建立工会的用人单位，其集体合同由上级工会指导劳动者推举的代表与用人单位订立。

（3）内容不同。劳动合同规定劳动者个人和用人单位的权利和义务；集体合同规定的内容具有广泛性、整体性，除涉及劳动关系的各个方面，如劳动报酬、工作时间、休息休假、劳动安全卫生、保险福利等事项，还有专项集体合同和区域性集体合同。

（4）法律效力不同。集体合同的效力高于劳动合同，集体合同适用于企业全体职工，劳动合同仅对劳动者个人和用人单位有约束力。集体合同规定了本企业的最低劳动标准，劳动合同规定的各项劳动标准不得低于集体合同的规定，否则无效，无效部分由双方当事人重新协商或者以集体合同规定的标准替代。

（5）违约处理形式不同。就解除集体合同来说，在劳动者违反集体合同的时候，用人单位不能解除集体合同，但违约职工应承担相应的责任，其中包括赔偿用人单位的经济损失；集体合同中的用人单位违反集体合同的规定，侵害了工会和全体职工的合法权益并造成损失时，应承担包括物质赔偿责任在内的相应责任。而对于劳动合同，劳动者或用人单位的违约内容只要符合法律规定解除劳动合同情形的，对方可解除劳动合同，根据《劳动合同法》具体的规定，违约方应承担赔偿责任。

◎案例

某市某纺织厂 2012 年由于营业量的需要，新招收了一批纺织女工。在她们的劳动合同中都约定了每月最低工资 1 050 元，每天的工作时间是上午和下午各 4 个小时。后来在工作中发现，原先的纺织工人同纺织厂的集体合同中约定了工间操，即每工作满 2 个小时以后，会有 15 分钟的工间操的休息。这批新工人认为，企业与她们的合同与这个集体合同违背，因此要求变更与她们的劳动合同，将工间操内容补充进各自的劳动合同中。但是纺织厂的领导辩称，该厂集体合同是在这批工人进厂以前订立的，因此并不适用于她们。并且提出，在当时的集体合同中，实际上对于该厂最低工资的规定是每月 800 元，如果要适用该项集体合同，则在最低工资上也必须适用。但是这项要求遭到了这批工人的反对。于是，这批工人向当地劳动争议仲裁委员会提起了劳动争议仲裁，要求企业承认她们的工间操的休息权。

◎**法律分析**

《劳动合同法》第五十一条规定："企业职工一方与用人单位通过平等协商，可以就劳动报酬、工作时间、休息休假、劳动安全卫生、保险福利等事项订立集体合同。集体合同草案应当提交职工代表大会或者全体职工讨论通过。集体合同由工会代表企业职工一方与用人单位订立；尚未建立工会的用人单位，由上级工会指导劳动者推举的代表与用人单位订立。"因此，上述案例纺织工人同纺织厂的集体合同中约定的工间操是属于"休息休假"方面订立的集体合同内容，是合法合理的。《劳动合同法》第十八条规定："劳动合同对劳动报酬和劳动条件等标准约定不明确，引发争议的，用人单位与劳动者可以重新协商；协商不成的，适用集体合同规定；没有集体合同或者集体合同未规定劳动报酬的，实行同工同酬；没有集体合同或者集体合同未规定劳动条件等标准的，适用国家有关规定。"所以，新职工的劳动合同中没有规定工间操的相关内容，且与用人单位协商不成，就可按照集体合同规定享有工间操休息的权利。此外，新职工的劳动合同对劳动报酬约定十分明确，且高于集体合同规定的标准，应按照劳动合同的约定执行。《劳动合同法》第五十五条规定："集体合同中劳动报酬和劳动条件等标准不得低于当地人民政府规定的最低标准；用人单位与劳动者订立的劳动合同中劳动报酬和劳动条件等标准不得低于集体合同规定的标准。"依照此规定，该厂职工工间操休息时间最少为15分钟。《劳动合同法》第五十六条规定："用人单位违反集体合同，侵犯职工劳动权益的，工会可以依法要求用人单位承担责任；因履行集体合同发生争议，经协商解决不成的，工会可以依法申请仲裁、提起诉讼。”本案例涉及的职工可按照本条规定依法维护自己的权益。

因此，本例中企业应当为职工加上集体合同中有关休息的条款，工资水平保持原水平。劳动合同的条款应当以集体合同的条款水平为基础，高于集体合同的条款有效，低于集体合同的应当按集体合同进行修改。

27. 我国采用哪种形式订立劳动合同？

劳动合同的订立形式是指劳动合同双方当事人明确权利义务、确立劳动关系的形式。在一般情况下，合同可以采用书面形式、口头形式或其他形式，但劳动合同只能采用书面形式。《劳动合同法》第十条规定：“建立劳动关系，应当订立书面劳动合同。已建立劳动关系，未同时订立书面劳动合同的，应当自用工之日起一个月内订立书面劳动合同。”换句话说，劳动者和用人单位就其权利义务达成一致意见写成文字协议，经双方当事人签字（盖章），劳动合同订立完毕，发生法律效力。用人单位是否将劳动合同送交劳动保障行政部门备案，不影响劳动合同生效。

需注意的是，我国《劳动法》和《劳动合同法》明确规定，劳动合同应当以书面形式订立。用书面形式订立劳动合同严肃慎重、准确可靠、有据可查，一旦发生争议时，便于查清事实，分清是非，也有利于主管部门和劳动保障行政部门进行监督检查。另外，书面劳动合同能够加强合同当事人的责任感，促使合同所规定的各项义务能够全面履行。与书面形式相对应的口头形式由于没有可以保存的文字依据，随意性大，容易发生纠纷，且难以举证，不利于保护当事人的合法权益。

28. 试用期的期限有何限制？

《劳动法》仅规定，劳动合同可以约定试用期，试用期最长不得超过 6 个月。《劳动合同法》则根据劳动合同期限的长短，将试用期细化，且明确规定了试用期是合同的一部分，不可分割开来，单独签订试用合同无效。《劳动合同法》对试用期长度的规定具体如下：

《劳动合同法》第七十条规定："非全日制用工双方当事人不得约定试用期。"

《劳动合同法》第十九条规定："以完成一定工作任务为期限的劳动合同或者劳动合同期限不满三个月的，不得约定试用期。劳动合同期限三个月以上不满一年的，试用期不得超过一个月；劳动合同期限一年以上不满三年的，试用期不得超过二个月；三年以上固定期限和无固定期限的劳动合同，试用期不得超过六个月。同一用人单位与同一劳动者只能约定一次试用期。"

上述法律条款是根据劳动合同的长度来限制试用期的长度，避免用人单位无期限地对劳动者试用。例如，如果用人单位和劳动者签订了两年的劳动合同，那么试用期不得超过两个月。但这不能理解为，如果劳动者试用了两个月，用人单位就必须和其签订两年的劳动合同。用人单位也可以选择和劳动者签一年的合同甚至更少，只不过，这种情况下，劳动者试用第二个月的工资要按照转正后的标准来支付。

目前，用人单位不管职工在什么岗位上，也不管有没有必要试用，大多都约定试用期。有的用人单位与劳动者签一年合同，其中半年为试用期；有的用人单位甚至规定试用期与劳动合同期限一样长，即试用期到了，劳动合同也到期了；有的劳动者在同一用人单位往往被不止一次约定试用期，换一个岗位约定一次试用期，很难成为正式职工。对于这种用人单位滥用试用期，侵犯劳动者合法权益的行为，劳动者应当依法捍卫自己的权益。

◎案例

2013 年 6 月 4 日，王某与上海一家制造公司签订合同，约定合同期限为 2013 年 6 月 4 日至同年 12 月 31 日，试用期 3 个月，试用期底薪 1 000 元，转正后为 1 500 元。同年 7 月 12 日，王某被公司无正当理由辞退。王某随后将制造公司起诉至法院，要求公司支付一个月工资 1 500 元及解除劳动合同的经济补偿金 1 500 元。

◎法律分析

本例中，王某和制造公司之间的合同期限不到一年，却约定试用期为三个月。法院经审理认为，该制造公司违反了《劳动合同法》第十九条的相关规定，即“劳动合同期限三个月以上不满一年的，试用期不得超过一个月”的规定。王某工作一个月后被辞退，此时试用期实际已经结束。据此，法院判决制造公司除正常支付王某试用期结束后工作时间的工资，支付违法约定试用期的赔偿金，还应按照《劳动合同法》第四十八条规定，按王某工作年限支付双倍赔偿金 1 500 元。

29. 如何区分学徒期、见习期和试用期？

学徒期、见习期、试用期是三种不同的期限。

学徒期是对进入某些工作岗位的新招工人熟悉业务、提高工作技能的一种培训方式，在实行劳动合同制度后，这一培训方式仍应继续采用，并按照技术等级标准规定的期限执行。

试用期是用人单位和劳动者建立劳动关系后为相互了解、选择而约定的不超过 6 个月的考察期。

见习期制度是我国针对应届毕业生进行业务适应及考核的一种制度，不是劳动合同制度下的概念，而是人事制度下的做法。根据相关规定，用人单位招收高等学校本、专科毕业生及技校毕业生等，原则上都要安排见习，期限为一年。对入学前已从事一年以上有关专业实际工作的，经所在单位批准，可免去见习期。见习期满如果合格，则对该职工办理转正手续，为其评定专业职称，聘任相应职务，确定工作岗位。如果见习期满达不到见习要求的，可延长见习期半年到一年，或者降低工资标准；表现特别不好的，可予以辞退，由学校重新分配。可见见习期主要适用于以前高校学生分配工作单位的情况，是历史条件下的特定产物。随着市场经济的发展，建立市场导向、政府调控、学校推荐、学生与用人单位双向选择的就业机制，见习期制度逐渐形同虚设，但国家有关部门并没有明文废止见习期制度。

试用期和学徒期包含在劳动合同期限内，二者可同时约定，但试用期不得超过半年。

大中专、技校毕业生新分配到用人单位工作的，仍应按原规定执行为期一年的见习期制度，见习期内可以约定不超过半年的试用期。如果用人单位仅仅规定了见习期，则见习期内的待遇及劳动关系仍然按照国家人事部门及高等院校有关见习期的规定执行。如果用人单位既规定了见习期，又规定了试用期，则在试用期内执行劳动法有关试用期的规定，试用期结束后的见习期内，按原人事部及高等院校关于见习期的规定执行。

《劳动合同法》施行后，劳动者与用人单位签订的劳动合同多以试用期为主。

◎案例

张某于 2013 年 1 月进入深圳某电子厂工作，该厂未与张某签订劳动合同，但张某入职时填写的入职登记表下面有一行备注：新入职员工试用期为3个月。另外，电子厂的《员工手册》中也规定，凡是新入职的员工，试用期均为3个月。张某工作两个多月后，公司以张某试用期不合格为由将张某辞退，张某不服，提起劳动仲裁。

◎法律分析

《劳动合同法》施行后，用人单位如果还在入职登记表或《员工手册》中载明试用期，而不与劳动者签订书面劳动合同，将面临很大的法律风险。首先，试用期应包括在劳动合同期限内，而双方并未签订劳动合同，则仅在入职登记表或《员工手册》中载明的试用期无效，视为无试用期。其次，张某与该厂构成事实劳动关系，用人单位不签订书面劳动合同超过一个月不满一年的，应当向劳动者每月支付两倍的工资。超过一年仍不与劳动者订立书面劳动合同的，视为用人单位与劳动者已订立无固定期限劳动合同。

因此，针对本例情况，劳动争议仲裁委员会认为，根据法律规定，试用期包括在劳动合同期限内，电子厂虽在入职登记表及《员工手册》中规定试用期，但并未与张某签订劳动合同，因此，该试用期不存在，双方为事实劳动关系，电子厂将张某辞退应当支付经济补偿金。

30. 如何理解无效劳动合同？

无效的劳动合同是指不具有法律效力的劳动合同。无效的劳动合同分为部分无效劳动合同和全部无效劳动合同。根据《劳动法》第十八条规定，下列劳动合同无效：①违反法律、行政法规的劳动合同。法律、行政法规是劳动者和用人单位签订劳动合同的准绳，双方当事人的劳动合同行为必须符合法律规范，从主体、内容以及订立、变更和解除劳动合同的全过程等都必须符合法律的规定。违反法律规范而签订的劳动合同是无效的。②采取欺诈、威胁等手段订立的劳动合同。

订立劳动合同，应当遵循合法、公平、平等自愿、协商一致、诚实信用的原则。《劳动合同法》第二十六条规定："下列劳动合同无效或者部分无效：①以欺诈、胁迫的手段或者乘人之危，使对方在违背真实意思的情况下订立或者变更劳动合同的；②用人单位免除自己的法定责任、排除劳动者权利的；③违反法律、行政法规强制性规定的。"

关于上述劳动合同的法律效力问题，《劳动法》第十八条规定，"无效的劳动合同从订立的时候起，就没有法律约束力。确认劳动合同部分无效的，如果不影响其余部分的效力，其余部分仍然有效"。《劳动合同法》第二十六条规定："对劳动合同的无效或者部分无效有争议的，由劳动争议仲裁机构或者人民法院确认。"

日常生活中，常见的无效劳动合同有口头约定的合同（非全日制用工除外）、显失公平的合同、胁迫的合同、生死合同等。

◎**案例**

张某是某出租汽车公司的司机，从进入该公司工作之日起，公司就和他签订了一份合同，合同约定：张某个人承包出租车，每月向公司缴纳固定的份钱，其余收入归自己支配；车辆发生一切费用由张某个人承担；在张某承包期间如果发生交通事故造成伤亡的，一切责任由张某个人承担，与公司没有任何关系。

2013年7月，张某在工作过程中发生交通事故，造成本人严重受伤，双腿截肢。事故发生之后，张某家属要求公司申报工伤，但公司予以拒绝，理由是双方已经在合同中约定一切责任由本人自负。

◎法律分析

张某与出租汽车公司签订的合同是“生死合同”，属于用人单位免除自己的法定责任、排除劳动者权利的劳动合同，是无效劳动合同，其从订立的时候起，就没有法律约束力。但张某与出租汽车公司存在事实劳动关系，对于公司的侵权行为张某可以依法申请仲裁、提起诉讼。

“生死合同”主要存在于两种类型的用人单位，一是不正规的私营企业，二是建筑、煤矿等危险程度大、工作环境差的行业。用人单位同劳动者订立“生死合同”的行为是违法的，它侵害了劳动者的权益。劳动者如果出现此类的侵权问题，可以前往法律援助部门或者工会寻求帮助。

二、劳动合同的变更、解除和终止

31. 什么是劳动合同的变更？

劳动合同的变更是指在劳动合同有效期内，双方当事人经过协商，对劳动合同的内容进行修改或者增减的法律行为。它的特征是：①劳动合同的变更发生在劳动合同有效期内，合同期满、合同终止或者已被解除，变更就无从发生。②劳动合同的变更限于合同的部分内容，双方当事人不能变更合同的全部内容。

《劳动法》第十七条规定，变更劳动合同，应当遵循平等自愿、协商一致的原则，不得违反法律、行政法规的规定。《劳动合同法》第三十五条规定，用人单位与劳动者协商一致，可以变更劳动合同约定的内容。可见我国《劳动法》和《劳动合同法》对允许变更劳动合同的情形没有具体规定，所以只要双方当事人平等自愿、协商一致，并且不违反法律、行政法规的规定，就可以变更劳动合同。日常中，劳动合同的变更大致出于以下原因：①订立劳动合同依据的法律、行政法规已修改，如双休日及标准工作周的修改使劳动合同中的工作时间要修改。严格地说，这类变更不属于双方协商一致，是依法进行变更的。②用人单位的经营方向、产品结构发生重大变化。③用人单位因自然灾害、某些社会事件等确实无法按原订劳动合同的约定履行义务。④劳动者提出变更要求。

当某种情况的出现使得原劳动合同的继续履行存在困难或者成为不可能时，双方当事人可以根据有关法律、法规的规定，经协商一致，对原劳动合同的部分内容进行调整。劳动合同的变更要在劳动合同成立之后，还没有履行或者还没有完全履行之前的有效时间内进行。劳动合同的变更是对原合同内容的修改或者补充，而不是签订新的合同。经双方协商同意依法变更后的劳动合同继续有效，对双方当事人都有约束力。

◎案例

几年前张某与一家机械制造厂签了为期3年的劳动合同。由于市场竞争日趋激烈，老板想早日扩产。最近他与一家台商洽谈成功，双方合作生产某种化学用品，原来职员继续留用。现在张某已经在新岗位上工作了一两个星期，觉得新工作跟原来的工作不一样，空气里有有毒的气体，时间一长头晕胸闷，同时工作强度也加大了。张某觉得有必要修改合同，对劳动保护、工作时间以及工作报酬等问题重新进行协商拟订。

◎法律分析

张某有权依法变更合同，但必须依照一定的程序进行。

在劳动合同履行过程中，因订立合同时所依据的客观情况发生重大变化，致使原合同无法履行时，应当变更原劳动合同中的工作内容、岗位以及劳动保护、劳动条件、工资报酬等有关条款。本例中，张某与用人单位签订的劳动合同尚未到期，但是劳动内容已经发生重大改变，工作环境和劳动强度与原来签订合同时双方所依据的客观情况已经大有不同，在此情况下，张某提出变更劳动合同内容是有法可依，也是合情合理的。

变更劳动合同时，根据有关劳动法律、法规的规定，必须注意以下几点：

①应在劳动合同有效期内变更，应该遵循平等自愿、协商一致的原则，不得违反法律、行政法规的规定，双方只能在法律允许的范围内提出自己的条件。

②要依照法定程序进行。张某可依法向用人单位提出变更劳动合同的建议，说明要修改的条款和变更理由，并给对方一个合理答复的时间。对方当事人在限期内予以答复并表示同意变更的，双方当事人即可就有关变更内容协商一致后，订立书面协议，双方签字盖章，变更协议即生效。

③劳动合同变更后，变更后的新条款即取代原条款，原条款失去法律效力。但是变更合同时未予变更的旧条款依然有效。如果双方经过协商最后仍然无法就变更劳动合同达成协议，张某依法可要求解除合同，但依照《劳动法》第三十一条的规定，张某应当提前30日以书面形式通知用人单位。

32. 什么情况下可以解除劳动合同？

根据《劳动法》和《劳动合同法》的规定，劳动者可以和用人单位协商解除劳动合同，也可以在符合法律规定的情况下单方解除劳动合同。

（1）协商解除。《劳动法》第二十四条规定："经劳动合同当事人协商一致，劳动合同可以解除。"《劳动合同法》第三十六条规定："用人单位与劳动者协商一致，可以解除劳动合同。"

（2）劳动者单方解除。为了保障劳动者的择业自主权等合法权益，《劳动法》和《劳动合同法》规定劳动者可以单方解除劳动合同，具体说明如下：

1）根据《劳动法》第三十一条规定，劳动者解除劳动合同，应当提前30日以书面形式通知用人单位。这是劳动者解除劳动合同的条件和程序。劳动者提前30日以书面形式通知用人单位解除劳动合同，无须征得用人单位的同意，用人单位应及时办理有关解除劳动合同手续。但由于劳动者违反劳动合同的有关约定而给用人单位造成经济损失的，应依据有关规定和劳动合同的约定，由劳动者承担赔偿责任。《劳动合同法》第三十七条规定："劳动者提前30日以书面形式通知用人单位，可以解除劳动合同。劳动者在试用期内提前3日通知用人单位，可以解除劳动合同。"

2）根据《劳动法》第三十二条规定，有下列情形之一的，劳动者可以随时通知用人单位解除劳动合同：

①用人单位以暴力、威胁或者非法限制人身自由的手段强迫劳动的；

②用人单位未按照劳动合同约定支付劳动报酬或者提供劳动条件的。

3）根据《劳动合同法》第三十八条规定，用人单位有下列情形之一的，劳动者可以解除劳动合同：

①未按照劳动合同约定提供劳动保护或者劳动条件的；

②未及时足额支付劳动报酬的；

③未依法为劳动者缴纳社会保险费的；

④用人单位的规章制度违反法律、法规的规定，损害劳动者权益的；

⑤用人单位以欺诈、胁迫的手段或者乘人之危，使劳动者在违背真实意思的情况下订立或者变更劳动合同而致使劳动合同无效或部分无效的；

⑥法律、行政法规规定劳动者可以解除劳动合同的其他情形。

用人单位以暴力、威胁或者非法限制人身自由等手段强迫劳动者劳动的，或者用人单位违章指挥、强令冒险作业危及劳动者人身安全的，劳动者可以立即解除劳动合同，不需事先告知用人单位。

（3）用人单位单方解除。

1）根据《劳动合同法》第三十九条的规定，劳动者有下列情形之一的，用人单位可以解除劳动合同：

①劳动者在试用期内被证明不符合录用条件的。试用期是用人单位和劳动者彼此之间相互考察对方的阶段，在试用期内，用人单位只

要能够证明劳动者不符合录用条件，就可以单方解除劳动合同，不需再对劳动者进行培训或调动工作岗位，也不必向劳动者支付经济补偿金。用人单位据此项规定单方解除劳动合同有两个要件：一是在试用期内；二是劳动者不符合录用条件。所以用人单位在招聘职工时应当明确各个岗位（工种）的录用条件。

②劳动者严重违反劳动纪律或用人单位规章制度。依法制定劳动纪律和规章制度是用人单位的基本义务，劳动者严重违反劳动纪律或规章制度时，用人单位就可以单方解除劳动合同。用人单位据此项规定单方解除劳动合同应当注意两点：一是要有依法制定的劳动纪律和规章制度；二是劳动者违纪、违规达到严重程度。

③劳动者严重失职、营私舞弊，对用人单位造成重大损害的。用人单位适用此项规定单方解除劳动合同要把握以下要件：一是劳动者有严重失职、营私舞弊的过错行为；二是用人单位有严重损失；三是劳动者的过错行为和用人单位的严重损失之间有因果关系。

④劳动者被依法追究刑事责任。劳动者因犯罪被人民法院依法追究刑事责任的，用人单位可以单方解除劳动合同，因为此时客观上已无法继续履行劳动义务。

⑤劳动者同时与其他用人单位建立劳动关系，对完成本单位的工作任务造成严重影响，或者经用人单位提出，拒不改正的。

⑥以欺诈、胁迫的手段或者乘人之危，使对方在违背真实意思的情况下订立或者变更劳动合同，而导致劳动合同无效的。

2）根据《劳动合同法》第四十条规定，有下列情形之一的，用人单位提前30日以书面形式通知劳动者本人或者额外支付劳动者一个月工资后，可以解除劳动合同：

①劳动者患病或者非因工负伤，在规定的医疗期满后不能从事原

工作，也不能从事由用人单位另行安排的工作的。

②劳动者不能胜任工作，经过培训或者调整工作岗位，仍不能胜任工作的。

③劳动合同订立时所依据的客观情况发生重大变化，致使劳动合同无法履行，经用人单位与劳动者协商，未能就变更劳动合同内容达成协议的。

3）根据《劳动合同法》第四十一条规定，有下列情形之一，需要裁减人员 20 人以上或者裁减不足 20 人但占企业职工总数 10%以上的，用人单位提前 30 日向工会或者全体职工说明情况，听取工会或者职工的意见后，裁减人员方案经向劳动行政部门报告，可以裁减人员：

①依照企业破产法规定进行重整的；

②生产经营发生严重困难的；

③企业转产、重大技术革新或者经营方式调整，经变更劳动合同后，仍需裁减人员的；

④其他因劳动合同订立时所依据的客观经济情况发生重大变化，致使劳动合同无法履行的。

4）根据《劳动合同法》第四十二条规定，劳动者有下列情形之一的，用人单位不得依照上述 2）和 3）的规定解除劳动合同：

①从事接触职业病危害作业的劳动者未进行离岗前职业健康检查，或者疑似职业病病人在诊断或者医学观察期间的；

②在本单位患职业病或者因工负伤并被确认丧失或者部分丧失劳动能力的；

③患病或者非因工负伤，在规定的医疗期内的；

④女职工在孕期、产期、哺乳期的；

⑤在本单位连续工作满十五年，且距法定退休年龄不足五年的；

⑥法律、行政法规规定的其他情形。

◎案例

赵某是一家企业的职工，与企业签订了劳动合同，目前正处于试用期。一天，部门经理突然通知赵某，说由于单位目前经济效益不佳，决定解除与赵某的劳动合同，并告诉赵某试用期内用人单位可以随时解除劳动合同，这是法律规定的。

◎法律分析

根据《劳动法》第二十五条和《劳动合同法》第三十九条的规定，劳动者在试用期间被证明不符合录用条件的，用人单位可以解除劳动合同。

从劳动相关法律的这些相关条文可以看出，在试用期内劳动者可以提前三日通知用人单位解除劳动合同且不需要任何理由。而对用人单位来说，只有在能证明劳动者不符合录用条件时，才能在试用期内解除劳动合同。

在本例中，企业解除与赵某的劳动关系并不是因为赵某不符合录用条件，而仅仅是由于企业自身的原因，企业在不能证明赵某不符合录用条件的情况下就随意解除与赵某的劳动合同是违法的。

33. 什么是劳动合同的终止？

劳动合同的终止是指劳动合同依法生效后，因出现法定情形或当事人约定的情形而导致劳动合同的效力消灭，当事人之间的权利义务关系终止。劳动合同关系是当事人依法自行设定的权利义务关系。劳动合同当事人之间可以根据一定的法律事实设立权利义务关系，也可以根据一定的法律事实消灭相互之间的权利义务关系，终止劳动合同。

《劳动法》第二十三条规定："劳动合同期满或者当事人约定的劳动合同终止条件出现，劳动合同即行终止。"根据《劳动合同法》第四十四条的规定，有下列情形之一的，劳动合同终止：①劳动合同期满的；②劳动者开始依法享受基本养老保险待遇的；③劳动者死亡，或者被人民法院宣告死亡或者宣告失踪的；④用人单位被依法宣告破产的；⑤用人单位被吊销营业执照、责令关闭、撤销或者用人单位决定提前解散的；⑥法律、行政法规规定的其他情形。关于劳动合同最后一天的截止时间问题，它应以劳动合同期限最后一天的24时为准，如果有工作任务而超过最后一天的24时的，应以完成工作任务的时间为准。

34. 劳动合同期满，但医疗期等尚未届满时，劳动合同能否终止？

医疗期是指企业职工因患病或非因工负伤停止工作治病休息不得解除劳动合同的时限。职工因患病或非因工负伤，而要停止工作进行医疗时，根据本人实际参加工作年限和在本单位工作年限，给予3个月到24个月的医疗期。具体为：实际工作年限10年以下的，在本单位工作年限5年以下的医疗期为3个月，5年以上的为6个月；实际工作年限10年以上的，在本单位工作年限5年以下的医疗期为6个月，5年以上10年以下的为9个月，10年以上15年以下的为12个月，15年以上20年以下的为18个月，20年以上的为24个月。医疗期3个月的按6个月内累计病休时间计算；6个月的按12个月内累计病休时间计算；9个月的按15个月内累计病休时间计算；12个月的按18个月内累计病休时间计算；18个月的按24个月内累计病休时间计算；24个月的按30个月内累计病休时间计算。医疗期的计算应从病休第一天开始，累计计算；病休期间，公休、假日和法定节假日包括在内；对于患特殊病的职工，在 24 个月内尚不能痊愈的，经企业和劳动保障行政部门批准，可以适当延长医疗期。

根据我国《劳动法》和《劳动合同法》的规定，如果劳动者患病或者负伤，在规定的医疗期内，或者女职工在孕期、产期、哺乳期内的，同时又未严重违反劳动纪律或者用人单位规章制度，也无严重失职、营私舞弊、对用人单位利益造成重大损害，也未被依法追究刑事责任的，即使劳动合同期满或者当事人约定的劳动合同终止条件出现，用人单位也不能终止其劳动合同，劳动合同期限应顺延至医疗期、孕期、产期和哺乳期满为止。

◎案例

叶某是某制造厂一名普通职工，订立为期 4 年的劳动合同。在劳动合同期满前 2 个月，叶某患慢性肾病需住院治疗。根据叶某的工作年限（工龄）可有 3 个月的医疗期。经过 1 个月的治疗，叶某临床治愈出院，医嘱叶某在家休息 1 个月。病假期满后正值劳动合同期限届满，该厂通知叶某办理终止劳动合同的手续。

◎法律分析

该案涉及的主要问题是劳动合同期满但医疗期尚未届满时，劳动合同能否终止的问题。

除《劳动法》第二十五条规定的用人单位可以解除劳动合同的情形外，劳动者在医疗期、孕期、产期和哺乳期内，劳动合同期限届满时，用人单位不得终止劳动合同，劳动合同的期限应自动延续至医疗期、孕期、产期和哺乳期期满为止。《劳动合同法》第四十二条规定：“劳动者有下列情形之一的，用人单位不得依照本法第四十条、第四十一条的规定解除劳动合同：①从事接触职业病危害作业的劳动者未进行离岗前职业健康检查，或者疑似职业病病人在诊断或者医学观察期间的；②在本单位患职业病或者因工负伤并被确认丧失或者部分丧失劳动能力的；③患病或者非因工负伤，在规定的医疗期内的；④女职工在孕期、产期、哺乳期的；⑤在本单位连续工作满 15 年，且距法定退休年龄不足 5 年的；⑥法律、行政法规规定的其他情形。”《劳动合同法》第四十五条规定：“劳动合同期满，有本法第四十二条规定情形之一的，劳动合同应当续延至相应的情形消失时终止。但是，本法第四十二条第（二）项规定丧失或者部分丧失劳动能力劳动者的劳动合同的终止，按照国家有关工伤保险的规定执行。”因此，在特殊情况下，即劳动者在医疗期内等，劳动合同期限届满时，并不必然导致劳动合同随之终止的结果。

本例中用人单位要求叶某办理终止劳动合同的手续是违反《劳动法》和《劳动合同法》的。叶某与制造厂的劳动合同期限已满，但叶某的医疗期还有 1 个月，此时制造厂不能单方解除劳动合同，叶某仍可上班工作，如果不能做本行，应当安排做其他适合的工作，如果仍不能做另行安排的工作，也应在医疗期满之后再办理终止劳动合同的手续，并给予相应的经济补偿。

35. 女职工在“三期”（孕期、产期、哺乳期）内严重违反劳动纪律，用人单位可以解除劳动合同吗？

《劳动法》第二十九条、《劳动合同法》第四十二条均规定，用人单位在女职工的“三期”（孕期、产期、哺乳期）内不得解除劳动合同。但同时《劳动法》第二十五条规定，劳动者严重违反劳动纪律，用人单位可以解除劳动合同。《劳动合同法》第三十九条也规定，严重违反用人单位的规章制度的，用人单位可以解除劳动合同。这两者是否矛盾？

《劳动法》第二十九条和《劳动合同法》第四十二条规定用人单位不得在“三期”内以非过失辞退、经济性裁员的条件与女职工解除劳动合同，而《劳动法》第二十五条和《劳动合同法》第三十九条规定的是由于劳动者的过失而导致用人单位解除劳动合同，二者在内容上并不抵触。从法律效力上，二者也可以并行不悖，即尽管存在《劳动法》第二十九条和《劳动合同法》第四十二条规定的情况，但只要劳动者同时存在《劳动合同法》第三十九条规定的六种情形之一，用人单位也可以解除劳动合同。

对于女职工在孕期、产期、哺乳期内严重违反劳动纪律的情况，由于严重违反劳动纪律不包括在《劳动法》第二十九条和《劳动合同法》第四十二条规定的“不得解除劳动合同”的范围之内，故女职工“三期”期间与严重违反劳动纪律在能否解除劳动合同上并不矛盾，可以解除劳动合同。

36. 职工单方辞职还需支付违约金吗？

用人单位为劳动者提供专项培训费用，对其进行专业技术培训的，可以与该劳动者订立协议，约定服务期。

劳动者违反服务期约定的，应当按照约定向用人单位支付违约金。违约金的数额不得超过用人单位提供的培训费用。用人单位要求劳动者支付的违约金不得超过服务期尚未履行部分所应分摊的培训费用。

用人单位与劳动者约定服务期的，不影响按照正常的工资调整机制提高劳动者在服务期期间的劳动报酬。

用人单位与劳动者可以在劳动合同中约定保守用人单位的商业秘密和与知识产权相关的保密事项。

对负有保密义务的劳动者，用人单位可以在劳动合同或者保密协议中与劳动者约定竞业限制条款，并约定在解除或者终止劳动合同后，在竞业限制期限内按月给予劳动者经济补偿。劳动者违反竞业限制约定的，应当按照约定向用人单位支付违约金。

劳动者提前30日以书面形式通知用人单位，可以解除劳动合同。劳动者在试用期内提前3日通知用人单位，可以解除劳动合同。如果劳动者单方面解除合同，除上述违反约定服务期和违反竞业限制约定的情形外，用人单位不得与劳动者约定由劳动者承担违约金。

37. 劳动者因用人单位解除劳动合同而获得经济补偿的同时，能否再领取失业保险金？

经济补偿金是由劳动者所在的原用人单位在劳动合同解除后根据《劳动合同法》第四十六条规定向劳动者支付的费用；失业保险金则属于社会保险，是指职工在暂时失去工作或转换职业期间，没有经济收入，生活发生困难时，由失业保险经办机构在劳动者失业后按照《失业保险条例》发放的失业保险待遇中的部分费用。经济补偿金与失业保险金来源不同、发放条件不同、标准不同，功能也不同。经济补偿金由用人单位发放，将劳动者在该单位的工作年限、贡献大小、该单位的经济效益等因素考虑进来；失业保险金由社会统筹统管，具有社会性、统一性。因此，经济补偿金、失业保险金不能混同。

所以，劳动合同解除后，用人单位对符合规定的劳动者应支付经济补偿金。不能因劳动者领取了失业保险金而拒付或克扣经济补偿金，失业保险机构也不得以劳动者领取了经济补偿金为由，停发或减发失业保险金。

◎案例

某用人单位因劳动合同期限届满解除了与郭某的劳动合同，因不能胜任工作解除了与马某的劳动合同。郭某年满50周岁，男性，劳动关系结束后未能就业，马某终止劳动合同后也未能就业，郭某和马某要求用人单位给付经济补偿金，社会保险机构发给失业保险金。用人单位不同意向郭某给付经济补偿金，同意向马某给付经济补偿金。社会保险机构向郭某交付失业保险金，但以马某已领取经济补偿金为由，不同意向马某支付失业保险金。

◎**法律分析**

根据《失业保险条例》第十四条规定，具备下列条件的失业人员，可以领取失业保险金：①按照规定参加失业保险，所在单位和本人已按照规定履行缴费义务满1年的；②非因本人意愿中断就业的；③已办理失业登记，并有求职要求的。失业人员在领取失业保险金期间，按照规定同时享受其他失业保险待遇。

本例中，郭某与用人单位因劳动合同期限届满而终止劳动合同，根据《关于贯彻执行〈中华人民共和国劳动法〉若干问题的意见》，职工在接近退休年龄（一般为5年以内）时因劳动合同到期终止劳动合同的，如果符合退休、退职条件，可以办理退休、退职手续；不符合退休、退职条件的，在终止劳动合同后按规定领取失业保险金。郭某因劳动合同到期而终止劳动合同，又不符合退休、退职条件，可以申领失业保险金。但是因劳动合同到期而终止劳动合同，用人单位不需支付经济补偿金，所以郭某要求原用人单位给付经济补偿金是没有依据的，原用人单位有权拒绝。

本例中，马某因不能胜任工作而被用人单位单方解除劳动合同，可以要求原用人单位给付经济补偿金，还可以申领失业保险金。原用人单位不能因劳动者领取了失业保险金而拒付或克扣经济补偿金，社会保险机构也不得以劳动者领取了经济补偿金为由停发或减发失业保险金。

38. 用人单位招用尚未解除劳动合同的劳动者，该劳动者和现用人单位如何承担赔偿责任？

用人单位招用尚未解除劳动合同的劳动者，对原用人单位造成经济损失的，除该劳动者承担直接赔偿责任外，该用人单位应当承担连带赔偿责任。我国《劳动法》第九十九条规定，用人单位招用尚未解除劳动合同的劳动者，对原用人单位造成经济损失的，该用人单位应当依法承担连带赔偿责任。《违反〈劳动法〉有关劳动合同规定的赔偿办法》规定，其连带赔偿的份额应不低于对原用人单位造成经济损失总额的70%。赔偿的损失包括：①对生产、经营和工作造成的直接经济损失；②因获取商业秘密给原用人单位造成的经济损失。赔偿第②项规定的损失，按《反不正当竞争法》第二十条的规定执行。

三、无固定期限劳动合同

39. 什么情形下可以签订无固定期限劳动合同？

无固定期限劳动合同是指用人单位与劳动者约定无确定终止时间的劳动合同。

《劳动合同法》第十四条规定，用人单位与劳动者协商一致，可以订立无固定期限劳动合同。有下列情形之一，劳动者提出或者同意续订、订立劳动合同的，除劳动者提出订立固定期限劳动合同外，应当订立无固定期限劳动合同：

（1）劳动者在该用人单位连续工作满10年以上的；

（2）用人单位初次实行劳动合同制度或者国有企业改制重新订立劳动合同时，劳动者在该用人单位连续工作满10年且距法定退休年龄不足10年的；

（3）连续订立两次固定期限劳动合同，且劳动者没有《劳动合同法》第三十九条和第四十条第（一）项、第（二）项规定的情形，续订劳动合同的。

用人单位自用工之日起满一年不与劳动者订立书面劳动合同的，视为用人单位与劳动者已订立无固定期限劳动合同。

40. 用人单位是否有权单方解除与工伤职工订立的无固定期限劳动合同？

无固定期限劳动合同是指用人单位与劳动者约定无确定终止时间的劳动合同。无确定终止时间是指劳动合同的终止时间不确定，并不是没有终止时间。无固定期限劳动合同属于劳动合同的一种，因此，只要出现了法律规定的解除劳动合同的情形，无固定期限劳动合同一样能够被解除。

对于用人单位能否单方解除与工伤职工订立的无固定期限劳动合同，不仅需要参照《劳动合同法》有关规定，还应该参照《工伤保险条例》的有关规定综合考虑。

◎案例

2002年，电焊工李某到甲公司工作，双方签订了书面劳动合同。2012年，考虑到李某在本单位工作已满10年，公司与其协商一致后签订了无固定期限劳动合同。2013年，李某在工作中不慎受伤。虽然经过治疗后痊愈，但李某认为这次受伤对其劳动能力造成了影响，坚持申请劳动能力鉴定。当地劳动能力鉴定委员会经鉴定后，认为李某劳动功能障碍（伤残）达不到任何等级的要求。李某对鉴定结论未表示异议，但向公司提出休养一段时间再回去上班，公司表示同意。三个月后，公司以书面形式通知李某上班。李某以伤势未愈为由拒绝。随后，公司再次书面通知李某，要求其在一周内回公司上班，否则按旷工处理。李某既没有在规定时间内上班，也没有向公司请假。两周后，公司事先将理由通知工会后，以李某无故旷工，严重违反公司规章制度为由，作出了单方解除与李某的劳动合同的处理决定，并出具了解除劳动合同的证明。李某认为双方订立的是无固定期限劳动合同，并且自己因工受伤，劳动能力受到损害，公司不能单方面解除与其的劳动合同，于是向当地劳动争议仲裁委员会申请仲裁，要求甲公司继续履行劳动合同。

◎**法律分析**

在本案中，李某在甲公司工作已满10年，双方协商一致签订无固定期限劳动合同的做法符合法律规定，但无固定期限劳动合同只是劳动合同的一种形式，并非李某所想的没有终止时间的“铁饭碗”。李某虽然遭受工伤，但在治疗后痊愈，经鉴定达不到劳动功能障碍（伤残）等级，不能享受《工伤保险条例》对伤残职工的相应待遇。李某以自己因工受伤、劳动能力受损为由，要求公司继续履行劳动合同是没有法律依据的，劳动争议仲裁委员会不应当予以支持。

根据《劳动合同法》第三十九条第二项的规定，劳动者严重违反用人单位的规章制度的，用人单位在履行法定程序后可以解除与其的劳动合同。李某虽然遭受工伤，但痊愈后无故不回公司上班，也不办理请假手续，其行为已经构成旷工，严重违反了甲公司的规章制度。甲公司依照《劳动合同法》第四十三条的规定，事先将单方面解除与李某的劳动合同的理由通知工会，其解除劳动关系的行为合法，而且不需要支付解除劳动关系的经济补偿金。

需要注意的是，根据《工伤保险条例》对不同伤残等级的工伤职工的保护力度不同，用人单位能否解除与工伤职工的劳动关系要根据具体等级规定进行判断。

第 二 篇

工伤保险知识

第三部分 工伤保险

41. 什么是工伤保险？

工伤保险是指劳动者在工作中或在规定的特殊情况下，遭受意外伤害或患职业病导致暂时或永久丧失劳动能力以及死亡时，劳动者或其遗属从国家和社会获得物质帮助的一种社会保险制度。工伤保险是社会保险的一个组成部分。它通过社会统筹建立工伤保险基金，以保证劳动者或其遗属的基本生活，以及为受工伤劳动者提供必要的医疗救治和康复服务。

工伤保险是为了保障因工作遭受事故伤害或者患职业病的职工获得医疗救治和经济补偿，促进工伤预防和职业康复，分散用人单位的工伤风险。

工伤保险有四个基本特点：一是强制性，它是指由国家立法强制要求一定范围内的用人单位、职工必须参加；二是非营利性，工伤保险是劳动者履行的社会责任，也是劳动者应该享受的基本权利；三是保障性，是指劳动者在发生工伤事故后，对劳动者或其遗属发放的工伤待遇，要保障其生活；四是互助互济性，是指通过强制征收保险费，建立工伤保险基金，由社会保险机构在人员之间、地区之间、行业之间对费用实行再分配，调剂使用基金。

42. 工伤保险遵循的原则有哪些？

工伤保险遵循的原则是：①无责任补偿（无过失补偿）原则；②国家立法、强制实施原则；③风险分担、互助互济原则；④个人不缴费原则；⑤区别因工与非因工原则；⑥经济赔偿与事故预防、职业病防治相结合原则；⑦一次性补偿与长期补偿相结合原则；⑧确定伤残和职业病等级原则；⑨区别直接经济损失与间接经济损失原则；⑩集中管理原则。

43. 何谓无责任补偿？

工伤保险遵循的原则中最突出的一点为无责任补偿原则，也称为无过失补偿。系指劳动者在生产工作中发生工伤事故时，无论事故责任是否属于劳动者本人（除本人故意犯罪或发生法律、法规规定的其他情况外），受职业伤害者都应无条件得到必要的经济补偿，就是说，即使劳动者负有事故责任，也要给予他工伤保险待遇。

44. 工伤保险为什么实行无责任补偿原则？

工伤保险之所以实行无责任补偿原则，原因有三条。第一，工伤事故是意外发生的。每个劳动者都会在生产、工作时力求确保自身安全，没有人愿意自己在工作中受伤。可以说，发生工伤事故都是意外的，所以工伤事故也被称作“意外伤害事故”。第二，无责任补偿原则消除了劳动者的后顾之忧。无责任补偿原则使所有劳动者了解到，即使不幸发生了工伤，生活也是有保障的，这样会激发他们工作的积极性。第三，工伤保险是所有社会保险项目中享受条件最低、待遇水平最高的。正是由于工伤保险待遇水平较高，所以企业为此缴纳的费用也较多，这会促使企业注意预防工伤事故的发生，保护劳动者的健康、安全。

45. 工伤保险与商业保险公司的人身意外伤害保险的保险目的有何不同？

工伤保险是社会保险制度的重要组成部分，是指国家和社会为在生产、工作中遭受事故伤害和患职业性疾病的劳动者及亲属提供医疗救治、生活保障、经济补偿、医疗和职业康复等物质帮助的一种社会保障制度。

人身意外伤害保险，是指以被保险人因意外事故而导致身故、残疾或者发生保险合同约定的其他事故为给付保险金条件的人身保险。

工伤保险与人身意外伤害保险相同之处在于都是为了在伤害发生之后为相关人员提供补偿以减轻生活压力，不同之处主要表现在：

第一，工伤保险是社会保险的组成部分，它不是以营利为目的。劳动者个人无须缴纳任何费用，便能够在发生工伤后从国家、社会和单位得到必要的补偿，无论劳动者是否有过错，都可得到这份补偿。

人身意外伤害保险不是由国家承担责任，而是由商业保险公司与投保人双方以契约的形式确定各自权利和义务，而且与工伤保险劳动者无过错原则不同的是，需达到约定的条件投保人才可获得保金，一旦契约到期，保险责任即自行终止。

第二，工伤保险是以劳动者及其供养的直系亲属为对象，用人单位都必须参加，具有强制性。人身意外伤害保险是以所有人为对象，实行自愿投保的原则。工伤保险待遇是在劳动者为社会尽了劳动义务发生工伤后发放的，它的目的是保障劳动者及其家属的基本生活。而人身意外伤害保险的赔偿则是根据保险公司以及相关规定，“多投多保，少投少保”。

由此可见，对劳动者来说，工伤保险是一种基本的、强制的保险。人身意外伤害保险是一种临时的、自愿的保险。二者可以相互补充，但不能相互取代。

46. 职工投了人身意外伤害保险，发生工伤事故后是否还可以享受工伤保险待遇？

根据保险法的有关规定，职工所享受的工伤保险和商业保险公司提供的人身意外伤害保险并不冲突。职工自己投了人身意外伤害保险，发生工伤事故并确认为工伤后，除了可以依照保险合同领取人身意外伤害保险外，还可以享受工伤保险待遇。因为人身意外伤害保险是商业性保险，工伤保险是社会保险，二者的性质不同，其保险对象、实施目的、基金来源、管理体制、保障水平、实施方式等都不相同，两者可以相互补充，但不能互相取代。所以，工伤事故发生，并被有关部门认定为工伤后，应根据实际情况，分别按各自的规定处理。

47. 工伤保险制度的适用范围是什么？

《工伤保险条例》明确规定所有企业必须缴费参加工伤保险，通过工伤保险基金统筹来分担风险，从而使工伤职工的权益获得保障。根据《工伤保险条例》第二条的规定，中华人民共和国境内的企业、事业单位、社会团体、民办非企业单位、基金会、律师事务所、会计师事务所等组织和有雇工的个体工商户（以下称用人单位）应当依照《工伤保险条例》规定参加工伤保险，为本单位全部职工或者雇工（以下称职工）缴纳工伤保险费。上述规定中的“企业”，包括在中国境内的所有形式的企业，按照所有制划分，有国有企业、集体所有制企业、私营企业、外资企业；按照所在地域划分，有城镇企业、乡镇企业、境外企业；按照企业的组织结构划分，有公司、合伙企业、个人独资企业、股份制企业等。

有两点需要说明，一是工伤保险制度在国家之间不能互免。目前，通过多边或者双边协定，一些国家可以对养老保险、失业保险等问题进行互免，但工伤保险却不能互免，而是需要参加营业地所在国的工伤保险制度。这就意味着，来中国投资的外国企业需要参加中国的工伤保险制度，而到国外承包工程或者投资设厂的中国企业则需要参加当地的工伤保险制度。二是在用人单位实行承包经营时，工伤保险责任应当由职工劳动关系所在单位承担。

中华人民共和国境内的各类企业的职工和个体工商户的雇工，均有依照《工伤保险条例》的规定享受工伤保险待遇的权利。同时，考虑到我国各地对个体工商户的监管力度、水平参差不齐，《工伤保险条例》授权各地省级人民政府根据当地的实际情况，如个体经济的发展状况，本地的财政实力、监管水平等，规定个体工商户参加工伤保险的具体步骤和实施办法，如分几步走、什么时候全面推开及个体工商户的缴费如何核定、费率为多少、如何征收等。

另外，原劳动和社会保障部规定，“农民工参加工伤保险、依法享受工伤保险待遇是《工伤保险条例》赋予包括农民工在内的各类用人单位职工的基本权益，各类用人单位招用的农民工均有享受工伤保险待遇的权利”。

48. 工伤保险费由劳动者个人缴纳吗？

工伤保险费是由企业或雇主按国家规定的费率缴纳的，劳动者个人不缴纳任何费用，这是工伤保险与养老保险、医疗保险等其他社会保险项目的不同之处。个人不缴纳工伤保险费，体现了工伤保险的严格雇主责任。

随着经济、社会的发展，世界各国已达成共识，认为劳动者在为企业创造财富、为社会做出贡献的同时，还冒着付出鲜血和健康的风险。因此，由企业缴纳保险费是完全必要和合理的。故《工伤保险条例》第十条规定：“用人单位应当按时缴纳工伤保险费。职工个人不缴纳工伤保险费。用人单位缴纳工伤保险费的数额为本单位职工工资总额乘以单位缴费费率之积。对难以按照工资总额缴纳工伤保险费的行业，其缴纳工伤保险费的具体方式，由国务院社会保险行政部门规定。”

49. 什么是工伤保险的差别费率和浮动费率？

差别费率是指社会保险经办机构在收缴用人单位工伤保险费时，根据不同行业、企业所面临的工作环境，可能发生事故和职业病的危险程度，按不同的比例提取。从各地的实际情况看，信息咨询、旅游业等服务行业缴纳的费率较低，一般在其工资总额的0.4%左右，建筑、采掘等行业则明显高于服务行业，一般都在1.4%以上。

浮动费率是指社会保险经办机构在确定企业缴费的比例之后，根据一定时期内企业发生工伤事故、职业病的情况，提高或降低收缴的比例。实行浮动费率的目的是促进企业注重安全生产，减少工伤和职业病的发生。

50. 用人单位没有参加工伤保险，职工是否可以按国家规定享受有关待遇？

《工伤保险条例》第二条规定："中华人民共和国境内的企业、事业单位、社会团体、民办非企业单位、基金会、律师事务所、会计师事务所等组织和有雇工的个体工商户（以下称用人单位）应当依照本条例规定参加工伤保险，为本单位全部职工或者雇工（以下称职工）缴纳工伤保险费。"同时《工伤保险条例》第六十二条规定："用人单位依照本条例规定应当参加工伤保险而未参加的，由社会保险行政部门责令限期参加，补缴应当缴纳的工伤保险费，并自欠缴之日起，按日加收万分之五的滞纳金；逾期仍不缴纳的，处欠缴数额1倍以上3倍以下的罚款。依照本条例规定应当参加工伤保险而未参加工伤保险的用人单位职工发生工伤的，由该用人单位按照本条例规定的工伤保险待遇项目和标准支付费用。用人单位参加工伤保险并补缴应当缴纳的工伤保险费、滞纳金后，由工伤保险基金和用人单位依照本条例的规定支付新发生的费用。"

用人单位必须为所有职工办理工伤保险，若没有为职工缴纳工伤保险费，发生工伤事故时，用人单位应按照《工伤保险条例》规定的标准支付工伤保险费。

◎案例

某煤矿的一名工人在工作中受伤致残，该矿认为虽然他是因工致残，但该工人没有参加工伤保险，不能按照《工伤保险条例》享受工伤保险待遇。

◎法律分析

该矿的这种看法是错误的。

《工伤保险条例》第二条规定说明两个问题：一是我国境内的各类企业和有雇工的个体工商户都必须为本单位全部职工缴纳工伤保险费，这是一种法定的义务；二是我国境内的各类企业职工（雇工）都有享受工伤保险待遇的权利，这是一种法定的权利，企业不得侵犯。

企业之所以要参加工伤保险社会统筹、先尽缴费义务，是因为只有这样才能对因工伤残或死亡职工及其供养直系亲属提供生活保障，同时也能均衡企业在这方面的开支。实际上对职工、对企业都有好处，所以企业都应该参加。如果有的企业不参加工伤保险的社会统筹，一旦职工发生工伤事故，一切费用也都要由企业遵照《工伤保险条例》中的有关规定支付。

根据以上分析，该矿必须参加工伤保险，遵照《工伤保险条例》给予职工工伤保险待遇。

第四部分 工伤认定

一、普通工伤

51. 什么情况下可以认定为工伤?

根据《工伤保险条例》第十四条规定，企业职工或个体工商户雇工有下列情形之一的，应当认定为工伤：①在工作时间和工作场所内，因工作原因受到事故伤害的；②工作时间前后在工作场所内，从事与工作有关的预备性或者收尾性工作受到事故伤害的；③在工作时间和工作场所内，因履行工作职责受到暴力等意外伤害的；④患职业病的；⑤因工外出期间，由于工作原因受到伤害或者发生事故下落不明的；⑥在上下班途中，受到非本人主要责任的交通事故或者城市轨道交通、客运轮渡、火车事故伤害的；⑦法律、行政法规规定应当认定为工伤的其他情形。

52. 如何理解“工作场所”以及“因工作原因”?

《工伤保险条例》中的“工作场所”不仅仅是指职工从事职业活动的场所。在有多个工作场所的情形下，还应包括职工来往于多个工作场所之间的必经区域。可从三个方面理解“因工作原因”：一是职工在工作过程中，直接因从事工作受到伤害；二是职工虽未工作，但由于用人单位的设施和设备不完善、劳动条件或劳动环境不良、管理不善等原因，造成职工伤害；三是职工受用人单位指派，外出期间受到伤害。

◎案例

孙某系甲公司职工，2013年6月10日上午受甲公司负责人指派去机场接人。其从公司所在产业园区国际商业中心（以下简称商业中心）八楼下楼，欲到商业中心院内开车，当行至一楼门口台阶处时，孙某脚下一滑，从四层台阶处摔倒在地面上，经医院诊断为颈髓过伸位损伤合并颈部神经根牵拉伤、上唇挫裂伤、左手臂擦伤、左腿皮擦伤。孙某要求申报工伤，但甲公司予以阻拦，理由是孙某不是在开车时受伤，其摔伤事故不是在工作场所、基于工作原因造成的。

◎法律分析

该案例的焦点问题是孙某摔伤地点是否属于工作场所和孙某摔伤是否因工作原因。《工伤保险条例》规定，职工在工作时间和工作场所内，因工作原因受到事故伤害，应当认定为工伤。该规定中的“工作场所”，指职工从事职业活动的场所，在有多个工作场所的情形下，还应包括职工来往于多个工作场所之间的必经区域。本案中，位于商业中心八楼的公司办公室，是孙某的工作场所，而其完成去机场接人的工作任务需驾驶的汽车，是其另一处工作场所。汽车停在商业中心一楼的门外，孙某要完成开车任务，必须从商业中心八楼下到一楼门外停车处，故从商业中心八楼到停车处是孙某来往于两个工作场所之间的必经区域，应当认定为工作场所。孙某为完成开车接人的工作任务，从位于商业中心八楼的公司办公室下到一楼，并在一楼门口台阶处摔伤，系为完成工作任务所致。甲公司以孙某不是开车时受伤为由，认为孙某不属于“因工作原因”摔伤，理由不能成立。孙某可以向当地社会保险行政部门申请工伤认定，通过正当途径维护自身合法权益，甲公司不得阻拦。

53. 什么情况可以算作“因工外出期间”？

参考《最高人民法院关于审理工伤保险行政案件若干问题的规定》第五条中规定，社会保险行政部门认定下列情形为“因工外出期间”的，人民法院应予支持：

（1）职工受用人单位指派或者因工作需要在工作场所以外从事与工作职责有关的活动期间；

（2）职工受用人单位指派外出学习或者开会期间；

（3）职工因工作需要的其他外出活动期间。

但是，并不是因工外出期间的一切伤害都可以认定为工伤，因此，《最高人民法院关于审理工伤保险行政案件若干问题的规定》中还规定“职工因工外出期间从事与工作或者受用人单位指派外出学习、开会无关的个人活动受到伤害，社会保险行政部门不认定为工伤的，人民法院应予支持”。

54. 如何理解“上下班途中”的合理性？

上下班途中的合理性包括“合理时间”和“合理路线”。合理性可以理解为职工在上下班途中的合理选择应当具有正当性。对于合理时间，上下班有一个时间区域，或早或晚的情况都有可能发生，比如下班以后的加班情况，或者避开交通的高峰时段等，这些都可认为属于合理时间。对于合理路线，职工选择的路线应该合理正当，比如下班途中顺路去菜市场买菜，上下班途中接送孩子上下学等，皆可认为是合理的路线，也是日常生活中所需要的必须的活动。

根据《最高人民法院关于审理工伤保险行政案件若干问题的规定》第六条，对社会保险行政部门认定下列情形为“上下班途中”的，人民法院应予支持：

（1）在合理时间内往返于工作地与住所地、经常居住地、单位宿舍的合理路线的上下班途中；

（2）在合理时间内往返于工作地与配偶、父母、子女居住地的合理路线的上下班途中；

（3）从事属于日常工作生活所需要的活动，且在合理时间和合理路线的上下班途中；

（4）在合理时间内其他合理路线的上下班途中。

55. 职工自杀能否认定为工伤？

根据《工伤保险条例》第十六条规定，职工符合《工伤保险条例》第十四条、第十五条的规定，但是有下列情形之一的，不得认定为工伤或者视同工伤：

（1）故意犯罪的；

（2）醉酒或者吸毒的；

（3）自残或者自杀的。

◎案例

某烟草公司办公室秘书白某给主管财务经理李某送材料，看到李某躺在沙发上，喊了两声，不见反应，上前一看，李某已死亡。后经鉴定，死亡原因为中毒。事后李某家属向公司提出要求按照因工死亡处理。经公安部门调查表明，近日财务会计王某因公司重大财务经济问题已被司法机关立案审查，此案涉及李某。同时，验明现场无他杀迹象，认定李某为服毒自杀。该公司根据其自杀的结论和工伤保险政策研究决定，李某死亡按非因工处理。家属不服，认为李某是死在工作岗位上，属因工死亡。

◎法律分析

本例中，李某自杀身亡显然不能按因工死亡处理。李某死亡经司法机关立案审查，公安部门认定为服毒自杀，是为逃避法律制裁的自杀行为。

《工伤保险条例》第十六条明确规定，职工有“自残或者自杀”的行为，不得认定为工伤或视同工伤。不论该行为是否发生在工作时间和工作区域。

56. 职工参加公司组织的体育活动受伤是否算工伤？

《最高人民法院关于审理工伤保险行政案件若干问题的规定》第四条第二款作了规定，职工参加用人单位组织或者受用人单位指派参加其他单位组织的活动受到伤害，社会保险行政部门认定为工伤的，人民法院应予支持。

◎案例

某公司是一家大型企业，企业文化活动一直搞得很好。然而有一天，在公司里两年一次的职工足球赛中，一名职工在球赛中受伤，左腿骨折。经过医院几个月的治疗，现已康复出院，这种情况能否认定为工伤？

◎法律分析

这里职工足球赛属于单位组织的活动，职工参加用人单位组织或者受用人单位指派参加其他单位组织的活动受到了伤害，根据《最高人民法院关于审理工伤保险行政案件若干问题的规定》的相关规定，社会保险行政部门认定这类情形为工伤，人民法院应予支持。因此，该职工在球赛中腿部骨折属于工伤。

57. 工伤人员刑满释放后有工伤保险待遇吗？

由国务院第 136 次常务会议通过、中华人民共和国国务院令第 586 号公布、2011 年 1 月 1 日起施行的新修订《工伤保险条例》明确将旧版《工伤保险条例》第四十条规定的“停止享受工伤保险待遇情形”中的第四款“被判刑正在收监执行的”删去，改为《工伤保险条例》第四十二条所规定内容：

工伤职工有下列情形之一的，停止享受工伤保险待遇：

（1）丧失享受待遇条件的；

（2）拒不接受劳动能力鉴定的；

（3）拒绝治疗的。

本问所提“刑满释放的工伤人员”既已认定为工伤，则说明该职工属于《工伤保险条例》认定工伤的范围，其工伤与“获刑”没有关系，即该职工受伤并非犯罪所导致。依据《工伤保险条例》第四十二

条规定,“刑满释放”并不属于停止享有工伤保险的情形,故应当享有工伤保险待遇。

◎案例

2012年2月,某局所属外线施工单位一名职工在架线时从电线杆上摔下,摔断左腿股骨,导致左腿截肢。按当时有关规定,该职工受伤被认定为工伤,并按工伤待遇安装了假肢。2013年,该职工触犯刑律被判2年有期徒刑,单位对其作出开除处理。2015年,该职工刑满释放后,向原单位提出配置轮椅的要求。由于该职工已被开除,与原单位没有劳动关系,那么对他提出的要求能否按工伤保险待遇处理呢?

◎法律分析

左腿股骨摔断而导致的整条左腿截肢属于《劳动能力鉴定 职工工伤与职业病致残等级》中对于工伤四级认定条款中的“一侧膝以上缺失”的情况,故该职工属于工伤四级。根据《工伤保险条例》第三十五条规定,职工应享受四级伤残对应的工伤保险待遇。而且“刑满释放”不属于停止享受工伤保险待遇的情形,故该职工依然享有工伤保险待遇。《工伤保险条例》第三十二条规定:“工伤职工因日常生活或者就业需要,经劳动能力鉴定委员会确认,可以安装假肢、矫形器、假眼、假牙和配置轮椅等辅助器具,所需费用按照国家规定的标准从工伤保险基金支付。”所以该职工要求配置轮椅是合理的,虽然用人单位已经解除与其的劳动关系,但职工原有的工伤保险待遇依然存在,刑满后即恢复,故用人单位应对其配置轮椅的要求予以满足。

58. 违规作业致死能否认定为工伤?

在我国,工伤保险实行的是无过错赔偿原则。《工伤保险条例》

规定，职工在工作时间和工作场所内，因工作原因受到事故伤害的，应认定为工伤。工伤保险无过失补偿原则，是将工伤事故的责任和原因与工伤保险待遇区别对待，以保障职工的权利。发生工伤事故后，工伤治疗和伤残赔偿是对劳动者的因职业伤害造成的经济损失和劳动能力损失的补偿，与劳动者操作过失无关，不能因为劳动者操作的过失而受到影响。

简而言之，劳动者在工作时间、工作地点，因工作原因负伤，享有工伤保险待遇，除非劳动者受伤系因故意犯罪、醉酒或者吸毒、自残或者自杀所致。

◎案例

2014 年 2 月，某公司安装班焊工翟某在 10 米平台焊接栏杆时，焊渣掉下，引燃下方平台上的易燃杂物。助手魏某急于灭火，在从 10 米平台下到 8 米平台时，因身体失控，落地摔死。事后，魏某家属与公司领导在魏某死亡是否算工伤的问题上看法不一致。公司领导认为，公司有明确要求，施工前要清除现场易燃杂物以防火患，同时针对高处作业还配发了安全带，可魏某与翟某未清理现场，魏某还不系安全带，高处坠落是魏某自己的责任，因此，不同意办理工伤。

◎法律分析

工伤保险的特点是无责任赔偿，即劳动者在工作中受到伤害，无论责任属于用人单位、他人或自己，只要符合《工伤保险条例》认定工伤的条件，就应认定为工伤并给予相应待遇。魏某是焊工翟某的助手，是工作现场着火后急着去灭火而坠地摔死的。这说明魏某是在工作时间、工作场所，因工作死亡的，应当按工伤处理。魏某有违章情节，并不影响魏某的工伤认定。所以，该公司不同意为魏某办理工伤认定手续的做法不正确。

59. 用人单位主体发生变更后，判定承担责任的主体的基本依据是什么？

根据《工伤保险条例》第四十三条规定，用人单位分立、合并、转让的，承继单位应当承担原用人单位的工伤保险责任。原用人单位已经参加工伤保险的，承继单位应当到当地经办机构办理工伤保险变更登记。

用人单位实行承包经营的，工伤保险责任由职工劳动关系所在单位承担。

职工被借调期间受到工伤事故伤害的，由原用人单位承担工伤保险责任，但原用人单位与借调单位可以约定补偿办法。

企业破产的，在破产清算时依法拨付应当由单位支付的工伤保险待遇费用。

◎案例

某私营家具厂老板连人带设备全部承包给其表弟经营。在承包经营期间，一名职工在圆盘锯上锯木时，被锯齿切断两节手指，那么，该职工能否认定为工伤？工伤待遇该由谁支付？

◎法律分析

依据《工伤保险条例》第十四条第一款的规定，“在工作时间和工作场所内，因工作原因受到事故伤害的”应认定为工伤。该职工在工作中受伤，理应认定为工伤。但是工伤待遇该由谁支付呢？

《工伤保险条例》明确规定，用人单位实行承包经营的，工伤保险责任由职工劳动关系所在单位承担。

除此之外，《劳动部关于贯彻执行〈中华人民共和国劳动法〉若干问题的意见》第十五条还对此进行了解释说明：租赁经营（生产）、承包经营（生产）的企业，所有权并没有发生改变，法人名称未变，在与职工订立劳动合同时，该企业仍为用人单位一方。依据租赁合同或承包合同，租赁人、承包人如果作为该企业的法定代表人或者该法定代表人的授权委托人时，可代表该企业（用人单位）与劳动者订立劳动合同。

所以，不管受伤职工是承包前的老职工，还是承包人新招的职工，家具厂都应为其承担工伤保险的法律责任。

60. 劳动关系复杂的工伤保险案例发生时，如何判定承担责任的主体？

参考《最高人民法院关于审理工伤保险行政案件若干问题的规定》（法释〔2014〕9号）第三条，社会保险行政部门认定下列单位为承担工伤保险责任单位的，人民法院应予支持：

（1）职工与两个或两个以上单位建立劳动关系，工伤事故发生时，职工为之工作的单位为承担工伤保险责任的单位；

（2）劳务派遣单位派遣的职工在用工单位工作期间因工伤亡的，派遣单位为承担工伤保险责任的单位；

（3）单位指派到其他单位工作的职工因工伤亡的，指派单位为承担工伤保险责任的单位；

（4）用工单位违反法律、法规规定将承包业务转包给不具备用工主体资格的组织或者自然人，该组织或者自然人聘用的职工从事承包业务时因工伤亡的，用工单位为承担工伤保险责任的单位；

（5）个人挂靠其他单位对外经营，其聘用的人员因工伤亡的，被挂靠单位为承担工伤保险责任的单位。

前款第（4）、（5）项明确的承担工伤保险责任的单位承担赔偿责任或者社会保险经办机构从工伤保险基金支付工伤保险待遇后，有权向相关组织、单位和个人追偿。

◎**案例**

职工甲在2014年年底与A公司签订劳动合同后，即被派到B公司从事操作工工作（A公司与B公司是两家独立的公司法人）。A公司、B公司均未为职工甲参加养老、医疗、工伤等各项社会保险。2015年7月，职工甲在B公司工作时，左手不慎受伤，送医院治疗，经诊断为左食指末端缺损。2015年12月经市社会保险行政部门认定为工伤，2016年5月，经市劳动能力鉴定委员会鉴定为十级。现职工甲已依法向该地仲裁部门提起申诉，要求A公司依法支付工伤赔偿待遇。

◎**法律分析**

《工伤保险条例》第二条规定："中华人民共和国境内的企业、事业单位、社会团体、民办非企业单位、基金会、律师事务所、会计师事务所等组织和有雇工的个体工商户（以下称用人单位）应当依照本条例规定参加工伤保险，为本单位全部职工或者雇工（以下称职工）缴纳工伤保险费。中华人民共和国境内的企业、事业单位、社会团体、民办非企业单位、基金会、律师事务所、会计师事务所等组织的职工和个体工商户的雇工，均有依照本条例的规定享受工伤保险待遇的权利。"故本例中职工甲拥有享受工伤保险待遇的权利，其次职工甲是在工作时间、工作岗位，因工作受到的伤害，应当认定为工伤。

依据《最高人民法院关于审理工伤保险行政案件若干问题的规定》第三条第二项和第三项的规定，无论职工甲是由劳务派遣单位派遣至用工单位的情形还是由单位指派到其他单位的情形，应以职工甲的原单位，即A公司为承担工伤保险责任的单位。

61. 下班回家途中买菜被机动车撞伤，算工伤吗？

《工伤保险条例》规定，“在上下班途中，受到非本人主要责任的交通事故或者城市轨道交通、客运轮渡、火车事故伤害的”应当认定为工伤。

同时，《最高人民法院关于审理工伤保险行政案件若干问题的规定》第六条第三款规定，对社会保险行政部门认定下列情形为“上下班途中”的，人民法院应予支持：从事属于日常工作生活所需要的活动，且在合理时间和合理路线的上下班途中。

因此，下班回家买菜所经过的合理路线属于从事日常生活所需活动，受伤时属于工伤范畴。

◎案例

某单位有一职工，他的家在企业的南边，该职工下班后，先去北面离家最近的商店买菜。就在买菜的路上，该职工不慎与迎面而来的一辆摩托车相撞，造成腿部骨折。这种情况能认定为工伤吗？

◎法律分析

虽然该职工回家方向和去商店买菜方向不完全一致，但是鉴于单位北边的商店是离职工家最近的可以购买食材的地点，因此职工下班后先去该商店买菜属于合理路线上的生活所需活动，故应该判定属于工伤。

62. 在单位突发疾病，回家后又送医院死亡，能定为工伤吗？

《工伤保险条例》第十五条第一款规定，在工作时间和工作岗位，突发疾病死亡或者在 48 小时之内经抢救无效死亡的，可以视同为工伤。

需注意的是，如果死亡发生在工作单位或者在工作单位突发疾病直接送医院抢救后死亡的，则可以根据《工伤保险条例》认定为工伤；如果死亡是在回家后发生的，则与《工伤保险条例》规定不符，无法认定为工伤。

◎案例

某公司李某患有高血压病，但其工作任劳任怨，长期加班加点工作。某日下午3时，李某在车间装配工作中感觉身体不适、头痛，并向车间主任反映。主任让其立即回家休息，但其仍坚持工作到下午5时才回家。第二天早上8时，李某病情加重，送医院抢救无效，于下午3时去世。

李某的情况按照《工伤保险条例》能认定为工伤吗?

◎法律分析

根据《工伤保险条例》第十五条第一款的规定，李某不应认定为工伤。李某在下午3时感到不舒服，5时回家，第二天早上8时病情加重，下午3时去世。虽然李某从头一天下午3时身体不适到第二天下午3时死亡不足48小时，但是，李某身体不适后并不是立即去医院进行救治，而是回到家里后第二天才去就医。这不符合《工伤保险条例》第十五条所规定的“突发疾病”的情形，因此不应认定为工伤。

63.在宿舍因打架斗殴伤害死亡能算工伤吗?

《工伤保险条例》第十四条第三款规定，在工作时间和工作场所内，因履行工作职责受到暴力等意外伤害的，应当认定为工伤。《工伤保险条例》第十六条第一款规定，故意犯罪的不得认定为工伤或者视同工伤。

打架斗殴受到伤害要看是否在工作场合和工作时间，是否因履行工作职责而受到暴力伤害。一般而言，宿舍不属于工作场所，且如果不满足《工伤保险条例》认定工伤或视同工伤的规定的话，则不应认定为工伤。

◎案例

某单位系野外地质队，职工经常到野外施工作业。2013 年 10 月中旬山上钻机损坏停产，职工在山下村庄居住休息。职工甲晚上到村民家看电视，职工乙因宿舍有人打牌便到职工甲宿舍休息，同时休息的还有临时工丙。职工甲看电视回来后敲门多次无人回应，便越墙从后门进入，与职工乙和临时工丙发生争执。在争执中职工甲用木板击中职工乙造成伤害死亡。2014 年 7 月法院发出了刑事附带民事判决书，确认上述事实。现职工乙家属要求给予职工乙因工死亡待遇。理由是“在外施工符合工作时间和场所条件，以及保护临时工丙而遭受伤害死亡”。

职工乙是否能享受因工死亡待遇？

◎法律分析

《工伤保险条例》第十四条第五款规定，“因工外出期间，由于工作原因受到伤害或者发生事故下落不明的”，应当认定为工伤。虽然职工乙因工外出到野外施工作业，但是职工乙是在宿舍休息时和职工甲发生争执，被职工甲用木板击打后死亡，既非工作时间也非工作场所，同样也不属于因履行工作职责而受到的暴力伤害。因此，职工乙受伤害死亡不能认定为工伤。

64. 在“三合一”车间吃午饭时受伤能算工伤吗？

简而言之，吃、住、生产在一起就叫作三合一。

《工伤保险条例》第十四条第一款明确规定，“在工作时间和工作场所内，因工作原因受到事故伤害”的应当认定为工伤。且《中华人民共和国社会保险法释义（十三）》中指出由于用人单位的设施和设备不完善、劳动条件或劳动环境不良、管理不善等原因，造成职工伤害应算作工伤。这种三合一车间本来安全隐患就很大，属于企业设施和设备不完善、管理不善等原因，所以在这样的车间职工发生事故后工伤的认定应该严格按照《工伤保险条例》第十四条、第十五条和第十六条的相关规定来执行。

◎**案例**

李某是一家私营厂的职工，车间在二楼，吃饭、休息室在一楼。2013 年 1 月 15 日，他从二楼到一楼吃饭，不小心在下楼梯时摔倒，导致小腿骨折。该厂房楼梯狭窄且未安装扶手。这种情况能定为工伤吗？

◎**法律分析**

依据《中华人民共和国社会保险法释义（十三）》中对“因工作原因”的解释，李某吃饭途中受伤原因是厂房楼梯狭窄且无扶手，属于“用人单位的设施设备不完善、劳动环境不良”，所以这种情况应该属于工伤。

65. 上下班途中骑自行车摔伤能算工伤吗？

《工伤保险条例》第十四条第六款明确规定，在上下班途中，受到非本人主要责任的交通事故或者城市轨道交通、客运轮渡、火车事故伤害的，应当认定为工伤。在上面条款中必须符合两个条件才能认定为工伤：①必须在上下班途中。②非本人主要责任。

◎**案例 1**

某单位职工孙某在 2014 年 1 月 21 日早晨骑自行车上班途中（家

属区到单位上下班的必经之路），因雪天路滑，不小心摔倒，造成右腿髌骨骨折。对此主管单位不同意申报工伤，原因是孙某骑车途中自己滑倒造成骨折，没有其他影响因素。

◎法律分析

根据《工伤保险条例》第十四条第六款规定，在上下班途中，受到非本人主要责任的交通事故或者城市轨道交通、客运轮渡、火车事故伤害的应认定为工伤。该职工受伤的原因是自己不小心摔倒，不属于“非本人主要责任”的情况，所以不属于工伤。

◎案例 2

2014 年 4 月 2 日，某公司职工张某下班后骑自行车回家，在经过道路改造施工路段时，由于车速较快，再加上施工路段未设安全护栏，也无警示标志，张某没注意，结果将车骑进施工留下的凹坑内摔伤，经送医院诊断为右胫骨、腓骨骨折。事后，张某向公司提出办理工伤认定的要求，但公司领导未予认可。张某这种情况能认定为工伤吗？

◎法律分析

根据《工伤保险条例》的规定，在上下班途中，非本人主要责任的交通事故或者城市轨道交通、客运轮渡、火车事故伤害应认定为工伤。张某骑车回家因路面施工路段无安全护栏和警示标志而受伤，这属于上下班途中受到的“非本人主要责任”的交通事故，满足“上下班途中”和“非本人主要责任”两个条件，所以属于工伤。

66. 企业或者职工如何向社会保险行政部门申报工伤？

职工发生事故伤害或者按照《中华人民共和国职业病防治法》（以下简称《职业病防治法》）规定被诊断、鉴定为职业病，所在单位应当自事故伤害发生之日或者被诊断、鉴定为职业病之日起30日内向统筹地区社会保险行政部门提出工伤认定申请。遇有特殊情况，经报社会保险行政部门同意，申请时限可以适当延长。

用人单位未在规定的期限内提出工伤认定申请的，受伤害职工或者其直系亲属、工会组织在事故伤害发生之日或者被诊断、鉴定为职业病之日起一年内，可以直接向社会保险行政部门提出工伤认定申请。

根据《工伤保险条例》第十八条规定，提出工伤认定申请应当提交下列材料：

（1）工伤认定申请表；

（2）与用人单位存在劳动关系（包括事实劳动关系）的证明材料；

（3）医疗诊断证明或者职业病诊断证明书（或者职业病诊断鉴定书）。

工伤认定申请表应当包括事故发生的时间、地点、原因以及职工伤害程度等基本情况。

工伤认定申请人提供材料不完整的，社会保险行政部门应当一次性书面告知工伤认定申请人需补正的全部材料。申请人按照书面告知要求补正材料后，社会保险行政部门应当受理。

◎案例

某单位有一职工，于2010年12月在操作过程中受伤。当时该职工所在单位并没有向社会保险行政部门申请工伤认定。2014年，该职工找到企业，要求进行工伤认定。公司将材料报到社会保险行政部门要求对该职工进行工伤认定，但社会保险行政部门认为已经过了期限，不再进行工伤认定。那么，该职工还能进行工伤认定吗？

◎**法律分析**

社会保险行政部门认为该职工的工伤认定已超过了期限，不再进行工伤认定是正确的。

根据《工伤保险条例》第十七条规定，工伤职工或者其近亲属、工会组织在事故伤害发生之日或者被诊断、鉴定为职业病之日起一年内，可以直接向用人单位所在地统筹地区社会保险行政部门提出工伤认定申请。也就是说，申请工伤认定的有效期限为一年。

该职工2010年受的伤，在受伤之日起一年内，仍可向社会保险行政部门申请认定工伤。而该公司是在2014年才申请认定工伤，早已过了一年的期限，因此，社会保险行政部门不再接受工伤认定。

67. 由于企业原因导致受害职工错过工伤认定申请期限的能否认定工伤?

《最高人民法院关于审理工伤保险行政案件若干问题的规定》第七条规定："由于不属于职工或者其近亲属自身原因超过工伤认定申请期限的，被耽误的时间不计算在工伤认定申请期限内。"

因此，职工不存在主观过错，由于企业原因耽误的时间不计算在工伤申请期内。除去这部分时间后还在工伤申请期内的，职工可以向所在地统筹地区社会保险行政部门提出工伤认定申请。

◎**案例**

A纺织公司系经依法核准登记设立的企业法人，法定代表人为邹某，邓某与纺织公司存在事实劳动关系。2011年4月24日，邓某在A纺织公司擅自增设的经营场所内操作机器时左手中指被机器压伤，经医院诊断为"左中指中节闭合性骨折、软组织挫伤、伸腱断裂"。7月28日邓某在不知情的情况下向社会保险行政部门申请工伤认定时，列"A纺织厂"为用人单位。社会保险行政部门以"A纺织厂"不具有用工主体资格、不能与劳动者形成劳动关系为由不予受理其工伤认定申请。邓某后通过民事诉讼途径最终确认与其存在事实劳动关系的用人单位是A纺织公司。2013年1月16日，邓某以A纺织公司为用人单位向社会保险行政部门申请工伤认定，社会保险行政部门于1月28日作出《工伤认定决定书》，认定邓某于2011年4月24日所受到的伤害为工伤。2013年3月24日，纺织公司经工商行政管理部门核准注销。邹某作为原纺织公司的法定代表人于2014年3月10日收到该《工伤认定决定书》后不服，申请行政复议，复议机关维持该工伤认定决定。邹某仍不服，向区人民法院提起行政诉讼。区人民法院判决维持社会保险行政部门作出的《工伤认定决定书》。宣判后，邹某不服，向市中级人民法院提起上诉。

◎法律分析

法院经审理认为，因A纺织公司未经依法登记即擅自增设营业点从事经营活动，故2011年7月28日邓某在不知情的情况下向社会保险行政部门申请工伤认定时，错列"A纺织厂"为用人单位并不存在主观过错。另外，在社会保险行政部门以"A纺织厂"不具有用工主体资格、不能与劳动者形成劳动关系为由不予受理邓某工伤认定申请并建议邓某通过民事诉讼途径解决后，才由生效民事判决最终确认与其存在事实劳动关系的用人单位是A纺织公司。故社会保险行政部门2013年1月16日收到邓某以A纺织公司为用人单位的工伤认定申请后，从《工伤保险条例》切实保护劳动者合法权益的立法目的考量，认定邓某已在1年的法定申请时效内提出过工伤认定申请，是因存在不能归责于其本人的原因而导致其维护合法权益的时间被拖长，受理其申请并作出是工伤的认定决定，程序并无不当。社会保险行政部门根据其认定的事实，适用法规正确。依照行政诉讼法的规定，判决维持社会保险行政部门作出的《工伤认定决定书》。

68. 如何理解“不属于职工或者其近亲属自身原因超过工伤认定申请期限”？

根据《最高人民法院关于审理工伤保险行政案件若干问题的规定》第七条规定，有下列情形之一耽误申请时间的，应当认定为不属于职工或者其近亲属自身原因：

（1）不可抗力；

（2）人身自由受到限制；

（3）属于用人单位原因；

（4）社会保险行政部门登记制度不完善；

（5）当事人对是否存在劳动关系申请仲裁、提起民事诉讼。

69. 因工受伤后与单位私了还能申报工伤吗？

国家建立工伤保险制度，其宗旨在于分散化解用人单位的用工风险，最大限度地保护劳动者合法权益。工伤保险制度具有强制性，工

伤保险赔偿关系不同于一般民事赔偿关系，不适用意思自治原则。申请工伤认定是法律赋予劳动者的一项法定权利，不因私了协议而受限制，同样私了协议并不影响社会保险行政部门依法行使工伤认定职权。虽然与单位私了的约定不影响工伤申报，但是能否认定工伤应依照《工伤保险条例》的有关规定进行判定，并且申报工伤的程序应满足相关法规要求。

◎案例

魏某是一名铆工，两年前他在班长的安排下与工友一块在厂房内搬动工件，不料左脚被地上杂物绊住，工件从手上滑落，砸伤右脚。车间主任考虑到若如实上报，车间、班组的奖金和名声会受影响，便指示班长给老魏做做工作，该看病看病，该休息休息，工伤就别报了。至于待遇，少不了。班长如实转告后，魏某碍于领导面子就答应了。最近，他的受伤部位常有疼痛，其妻子心里不踏实，找到车间要求报工伤。车间主任认为，这事魏某妻子无权管，并以魏某答应不报工伤为由拒报工伤。魏某现在还能报工伤吗？

◎法律分析

本例中，魏某的伤本应认定为工伤。但根据《工伤保险条例》第十七条第一款的规定，魏某受伤的时间早就超过30日，其所在的工厂已不能为他申报工伤。根据《工伤保险条例》第十七条第二款的有关规定，魏某本人、魏某的妻子以及魏某所在的工会组织应当在事故伤害发生之日起一年内，直接向用人单位所在地统筹地区社会保险行政部门提出工伤认定申请。但是魏某妻子申请的时间早就超过一年，不符合该条款规定的时限。

由此可见，魏某本人、魏某的妻子以及魏某所在的工会组织均失去向当地社会保险行政部门提出工伤认定申请的条件，因为魏某受伤时间已过“时限一年”的规定。因此，职工受到工伤伤害后应及时要求单位申请工伤认定，不可因与单位私了而耽误申请时效期。

70. 出差在外受伤或失踪能申报工伤吗？

《工伤保险条例》第十四条第五款规定，因工外出期间，由于工作原因受到伤害或者发生事故下落不明的，应当认定为工伤。这体现了维护职工权益、以人为本的人文关怀精神。

◎案例

2014年3月，某公司采购部职工老付出差外地采购电石。为了更多地了解电石的质量信息，老付便到电石生产现场取样送检。由于电石厂生产现场环境不好，老付的头部被高处落物砸伤，医院诊断为头部开放性颅脑损伤。老付住院治疗期间，电石厂为其支付了全部费用。老付伤情稳定出院时，电石厂还给了2万元的精神赔偿费。事后，老付希望公司给申报工伤。但公司领导认为，老付受伤是在外地，而且电石厂已支付了相应的费用，不同意为其申报工伤。老付能申报工伤，获得工伤保险待遇吗？

◎法律分析

该问题涉及职工出差在外因工作受伤，能否享受工伤保险待遇的情形。这在《工伤保险条例》第十四条第五款有明确规定，即“因工外出期间，由于工作原因受到伤害或者发生事故下落不明的”，应当认定为工伤。关于“因工外出”的含义，《最高人民法院关于审理工伤保险行政案件若干问题的规定》明确解释，社会保险行政部门认定下列情形为“因工外出期间”的，人民法院应予支持：

（1）职工受用人单位指派或者因工作需要在工作场所以外从事与工作职责有关的活动期间；

(2) 职工受用人单位指派外出学习或者开会期间；

(3) 职工因工作需要的其他外出活动期间。

老付出差外地采购电石，符合“职工因工作需要的其他外出活动”的条件，而老付到电石生产现场取样送检，是为了掌握更多的电石的质量信息，保证所采购的电石质量达到要求。在这一过程中，老付的头部受伤符合“因工外出期间，由于工作原因受到伤害”的条件，因此，老付所受到的伤害应认定为工伤。公司领导不同意老付申报工伤，是不符合法律要求的。

另外，该公司领导以电石厂已向老付支付了相应的费用为由，不同意给老付申报工伤也是不对的。老付负伤是因为电石生产现场的事故隐患所致，按《最高人民法院关于审理人身损害赔偿案件适用法律若干问题的解释》第十二条第二款“因用人单位以外的第三人侵权造成劳动者人身损害，赔偿权利人请求第三人承担民事赔偿责任的，人民法院应予支持”的说法，如果电石厂前期所给老付的精神赔偿数额偏低，还可要求第三人（电石厂）承担民事赔偿责任。因此，老付出差负伤的情形，不仅能享受工伤待遇，还能获得给他造成伤害的电石厂的民事赔偿。

71. 什么是职业病？

从广义上说，职业病是指劳动者在生产劳动及其他职业活动中，接触职业性有害因素，如工业毒害、生物因素、不良的气象条件、不合理的劳动组织、恶劣的卫生条件等，当职业性有害因素作用于人体并造成人体功能性或器质性病变时所引起的疾病。但从狭义上说，通常是国家主管部门明文规定了的才能称为职业病，即法定职业病。职业病的范围是由国家主管部门明文规定的，即工伤保险范畴内的职业病是国家认定的法定职业病。根据《国家卫生计生委等四部门关于印发〈职业病分类和目录〉的通知》，目前职业病有十类。

要构成《中华人民共和国职业病防治法》中所规定的职业病，必须具备四个条件：①患病主体是企业、事业单位或个体经济组织的劳动者；②必须是在从事职业活动的过程中产生的；③必须是因接触粉尘、放射性物质和其他有毒、有害物质等职业病危害因素引起的；④必须是国家公布的《职业病分类和目录》所列的职业病。四个条件缺一不可。

◎案例

2007年7月下旬的一天，烈日当空，室外气温高达36℃，建筑工地的架子工小刘在烈日下连续工作达数小时之后，头痛、头晕、眼花、恶心、呕吐，最后竟晕倒在地，经送医院诊治，并经当地职业病防治所会诊，确诊为重症中暑。

◎法律分析

作业环境气温较高时，人员会感到烦闷，直接影响作业人员的正常作业。

高温作业几乎遍布工业生产的所有行业。高温作业所引起的中暑分为轻症中暑与重症中暑。重症中暑分为三种类型：热射病（包括日射病）、热痉挛和热衰竭。热射病中的日射病是由于头部受强烈的太阳辐射（主要是红外线）的直接作用，大量热辐射被头部皮肤及头颅骨吸收，从而使颅内温度升高所致，多发生于夏季露天作业人员。主要症状为急剧发生头痛、头晕、眼花、恶心、呕吐、烦躁不安，重者可能有惊厥、昏迷。《职业病分类和目录》第六类第一种，明确规定中暑属于“物理因素所致职业病”。

72. 职业病算工伤吗？

《工伤保险条例》第十四条规定，职工患职业病应当认定为工伤。

劳动者被确诊为职业病后，用人单位应自被诊断、鉴定为职业病之日起30日内，向社会保险行政部门提出工伤认定申请。用人单位未按规定提出工伤认定申请的，劳动者或其近亲属、工会组织在被诊断、鉴定为职业病之日起一年内，可以直接向社会保险行政部门提出工伤认定申请。对工伤认定不服的，劳动者和用人单位可以申请行政复议或向人民法院提起行政诉讼。工伤认定完成后，如劳动者存在残疾、影响劳动能力的，应当进行劳动能力鉴定。用人单位参加了工伤社会保险的，患职业病的劳动者享受工伤医疗待遇，费用由社保机构承担。用人单位未参加工伤社会保险的，患职业病的劳动者享受的工伤医疗待遇，由用人单位承担。如用人单位不履行义务，劳动者可向劳动争议仲裁委员会申请仲裁，如不服劳动仲裁，可以向人民法院提起诉讼。如不服基层人民法院作出的一审判决，可向中级人民法院提起上诉。

综上所述，职业病算工伤，但必须要在被诊断、鉴定为职业病之日起一年内向社会保险行政部门申请并得到工伤认定才算，一年的时效从劳动者知道或应当知道其权利受到侵害时起才能开始计算。

◎案例1

2015年6月，某公司选矿厂破碎工王某在职业病防治办公室组织的职业健康体检中被诊断为肺内病变，9月经职业病防治所复查诊断为矽肺。王某是2013年由焊工岗位调到破碎岗位的。因破碎岗位有粉尘危害，王某也知道自己患的是职业病，便想申报工伤，但弄不清职业病和工伤之间是何关系，不知申报了能否被认定为工伤。

◎法律分析

这个问题涉及什么是职业病、什么是工伤的法律界定。

《职业病防治法》第二条明确规定："职业病是指企业、事业单位和个体经济组织等用人单位的劳动者在职业活动中，因接触粉尘、放射性物质和其他有毒、有害因素而引起的疾病。"王某所患矽肺病是法定职业病的一种。《职业病防治法》第五十七条规定："职业病病人的诊疗、康复费用，伤残以及丧失劳动能力的职业病病人的社会保障，按照国家有关工伤保险的规定执行。"《工伤保险条例》第十四条第四款规定，对职工有"患职业病的"情形，应当认定为工伤。由此可见，王某不仅能够申报工伤，而且享受工伤保险待遇是顺理成章的事。

◎案例 2

宋某于 2002 年 10 月起被某五金文具制品厂聘为职工，2012 年 11 月 14 日遭解雇，五金文具制品厂已按规定给予宋某有关解除劳动关系的经济补偿。

2012 年 12 月 18 日，宋某自行到职业病诊断鉴定中心进行诊断，五金文具制品厂在宋某的《职业病诊断鉴定申请表》上加盖了其印章。2013 年 1 月 5 日，职业病诊断组作出了《疑似职业病人告知书》，并通知宋某到省职业病防治院做进一步的诊断。2013 年 4 月 21 日，省职业病防治院向宋某发出受理职业病诊断申请通知书。

宋某于是在 2013 年 8 月 1 日要求五金文具制品厂承担有关鉴定费用，五金文具制品厂以其不是本单位职工不予理睬。宋某于 2013 年 8 月 5 日起诉至人民法院，要求进行职业病鉴定，并要求五金文具制品厂承担鉴定费用 1 万元。人民法院依照《职业病防治法》第五十四条、第五十六条之规定，判令五金文具制品厂自判决生效之日起

10 日内，安排宋某进行职业病诊断鉴定，并承担宋某职业病诊断费 1 500 元，职业病鉴定费 6 800 元。

◎**法律分析**

我国对职业病的防治是十分重视的。《劳动法》和《职业病防治法》是人民法院处理涉及职业病案件的主要法律依据。《职业病防治法》第五十四条规定，职业病诊断、鉴定费用由用人单位承担。第五十六条规定，用人单位应当及时安排对疑似职业病病人进行诊断。在疑似职业病病人诊断或者医学观察期间，不得解除或者终止与其订立的劳动合同。疑似职业病病人在诊断、医学观察期间的费用，由用人单位承担。

在宋某被确定为疑似职业病病人后，其职业病诊断鉴定费用和在诊断、医学观察期间的费用应当由用人单位负责。五金文具制品厂拒绝承担此费用，没有事实和法律依据，其抗辩理由不能成立。

73. 为何工伤保险要与事故预防、职业病防治相结合？

工伤保险与事故预防、职业病防治相结合是实施工伤保险制度的三大功能之一。工伤保险制度具有对受伤害人员进行经济补偿和救助的功能；工伤保险制度为受伤害人员提供医疗与康复保障，为再就业创造条件；同时，工伤保险制度还承担着促进事故预防和发挥职业病防范的功能和作用。因此，工伤保险与事故预防、职业病防治相结合，既是工伤保险制度本身的任务和要求，又是工伤保险制度应有的作用和归宿。

工伤保险与事故预防、职业病防治相结合的益处有：第一，通过事故预防、职业病防治减少事故及职业病的发生，从而减少了经济损失和人员伤亡，即减少了工伤赔付，社会保险机构可以将更多的资金用于工伤事故预防的宣传教育和支持企业改造有关设备设施、促进工伤事故预防项目的建设，使工伤保险进入良性循环发展的状态；第二，工伤保险的事故预防、职业病防治是用经济、法制、技术、管理等一切手段对企业安全生产进行有效约束，而不是干预企业的经营自主权，它能够把安全监督的外部压力和企业的内在动力有机地结合起来，形成一种事故预防、职业病防治的新机制，从根本上改善企业的环境，降低企业的风险等级，降低企业所缴纳的工伤保险费率，从而减轻企业负担，增强企业参加工伤保险的积极性；第三，事故预防、职业病防治保护了职工免遭工伤和职业病的威胁，为职工创造了安全舒适的生产环境，从而使职工安心踏实地工作，提高工作效率，为企业、社会创造更大的价值；第四，成功的工伤预防减少了社会整体资源的破坏，保障了职工的合法权益，对安定社会和促进经济发展起到了积极作用，有利于社会的可持续发展，有利于社会的稳定，同时树立了政府的良好形象。

工伤保险与事故预防、职业病防治相结合的目的就是，通过工伤保险的经济杠杆和强制手段，形成内部激励、外部监督的企业事故预防机制；通过事故预防、职业病防治，促进我国工伤保险机制的改革，由目前的单一赔偿机制转变为工伤预防、职业康复和赔偿三位一体的工伤保险机制，充分发挥工伤保险的三大职能作用；通过事故预防、职业病防治，控制并逐渐减少工伤和职业病的发生，不断改善我国各行业尤其是高危行业的生产环境，保护我国广大职工的合法权益，缓解目前严峻的安全生产形势。

74. 企业司机酒后驾驶发生事故致伤能算工伤吗？

我国《工伤保险条例》第十六条明确规定，职工符合《工伤保险条例》认定工伤、视同工伤的有关规定，但是有下列情形之一的，不得认定为工伤或者视同工伤：

（1）故意犯罪的；

（2）醉酒或者吸毒的；

（3）自残或者自杀的。

◎案例

2012年2月的一天，摩托车经销公司司机郑某受公司指派，驾驶货车到外地某商行送货。卸完货后，商行派人陪同郑某到饭馆吃饭，因为高兴，郑某喝了许多白酒。饭后驾车返回途中，货车与同向行驶的货车发生追尾事故，造成郑某右股骨骨折，肠破裂，面部受伤。此交通事故经当地公安交管部门处理认定，郑某违反《道路交通安全法》的有关规定，对事故负全部责任，并给予经济罚款和扣留驾照的处罚。事后，郑某向单位要求认定为工伤，单位不同意。

◎法律分析

本例中，单位不同意郑某认定为工伤的意见是正确的。

按照《工伤保险条例》的规定，醉酒导致伤亡的不得认定为工伤。

一是《道路交通安全法》明确规定，驾驶人员酒后不得驾驶车辆。郑某身为驾驶员应熟知此项规定，明知不可为而为之，酒后驾车，实属故意违章行为。公安交管部门对这起事故有明确结论，并给予郑某严厉处罚。

二是驾驶员是一种特殊的工作岗位，正常情况下驾驶车辆就易发生交通事故，如果不是酒后行车并构成违法犯罪，即使本人负有全部责任，也可以认定为工伤。但是，郑某的情况不能按工伤处理。

75. 职工在单位集体食堂就餐发生食物中毒能按工伤处理吗？

《工伤保险条例》中对于职工在单位集体食堂就餐发生食物中毒能否按工伤处理没有给出明确答案。

但是，《中华人民共和国社会保险法释义（十三）》中解释工伤范围时提到“由于工作直接或间接引起的伤害都是工伤。可从三个方面理解什么是‘因工作原因’：一是职工在工作过程中，直接因从事工作受到伤害；二是职工虽未工作，但由于用人单位的设施和设备不完善、劳动条件或劳动环境不良、管理不善等原因，造成职工伤害；三是职工受用人单位指派，外出期间受到伤害”。

所以，单位集体食堂食物中毒属于“职工虽未工作，但由于用人单位的设施和设备不完善、劳动条件或劳动环境不良、管理不善等原因，造成职工伤害”，应认定为工伤。

◎案例

2013 年 7 月 20 日中午，某服装厂职工食堂发生食物中毒事件。张某等 5 位职工因中毒病情严重，当即被送到医院进行抢救。张某因中毒较重，经抢救无效死亡，其余 4 人抢救治疗后脱离危险。后经事故调查，中毒原因是该厂职工食堂从市场个人小摊采购的猪肉变质，27 日服装厂经研究对中毒事件受害者均按工伤处理，并报当地社会保险行政部门进行工伤认定。

◎法律分析

该案中职工集体食物中毒按工伤处理是正确的。

职工在企业集体食堂就餐发生食物中毒事件，是因企业管理不善、对食堂食物购置渠道监督管理不力、食物安全卫生质量把关不严等企业方面的原因造成的，并非职工本人责任。因企业原因造成职工伤、残、亡，应由企业承担工伤责任。故此，该案例职工在单位集体食堂就餐，因吃变质的食物中毒造成伤亡，应当认定为工伤。

76. 职工在工间休息时散步，走到另一公司楼下，被楼上掉下来的杂物砸伤，这算工伤吗?

《工伤保险条例》第十四条第一款规定，“在工作时间和工作场所内，因工作原因受到事故伤害的”，应当认定为工伤。虽然职工在工间休息时间，仍属于上班工作时间，但是职工被砸伤事故并没有发生在工作场所内，而是发生在别的公司楼下，所以事故责任不应该由职工所在单位承担。受伤害职工所受损失的赔偿问题，属于受伤害职工与应对此事故负责任的单位或个人的民事赔偿问题，不属于工伤保险范畴，因此，不能认定为工伤。

但也有例外，比如，属于单位管理的职工宿舍，因墙壁倒塌砸伤职工，造成工伤事故，却可以认定为工伤。虽然墙壁倒塌砸伤职工并没有发生在生产工作的时间和区域内，但却是由于不安全因素造成的伤害，而且责任在单位一方，所以可以认定为工伤。

77. 接受转包或者发包的不具备用工主体资格的组织或者自然人聘用的职工因工伤亡的能不能认定工伤?

用工单位违反法律、法规规定将承包业务转包给不具备用工主体资格的组织或者自然人，该组织或者自然人聘用的职工从事承包业务时因工伤亡的，用工单位为承担工伤保险责任的单位。承担工伤保险责任的单位承担赔偿责任或者社会保险经办机构从工伤保险基金支付工伤保险待遇后，有权向相关组织、单位和个人追偿。

◎案例

A公司系B公司A7厂房工程的承包人，其以《油漆承揽合同》

的形式将油漆工程分包给自然人李某，约定李某所雇人员应当接受A公司管理。李某又将部分油漆工程转包给自然人王某，王某招用张某进行油漆施工。李某和王某均无用工主体资格，也无承揽油漆工程的相应资质。2012年3月10日，张某在进行油漆施工中不慎受伤。11月10日，区劳动仲裁委员会裁决确定张某与A公司之间存在劳动关系。12月29日，张某提出工伤认定申请，并提交了劳动仲裁裁决书。区社会保险行政部门立案审查后，认为张某受伤符合工伤认定条件，且A公司经告知，未就张某所受伤害是否应被认定为工伤进行举证。区社会保险行政部门遂于2013年2月19日认定张某受伤为工伤。A公司不服，经复议未果，遂起诉请求撤销区社会保险行政部门作出的工伤认定。

◎法律分析

经区人民法院一审、市第一中级人民法院二审认为，根据原劳社部发〔2005〕12号《劳动和社会保障部关于确立劳动关系有关事项的通知》第四条规定，建筑施工、矿山企业等用人单位将工程（业务）或经营权发包给不具备用工主体资格的组织或自然人，对该组织或自然人招用的劳动者，由具备用工主体资格的发包方承担用工主体责任。本案中，A公司作为建筑施工单位将油漆工程发包给无用工主体资格的自然人李某，约定李某所雇用的人员应服从公司管理。后李某又将部分油漆工程再发包给王某，并由王某招用了张某进行油漆施工。区社会保险行政部门依据上述规定及事实认定张某与A公司具有劳动关系的理由成立。根据《工伤保险条例》规定，张某在A公司承建的厂房建设项目中进行油漆施工不慎受到事故伤害，属于工伤认定范围。据此，维持区社会保险行政部门作出被诉工伤认定的具体行政行为。

78. 间接刺激诱发疾病能算工伤吗?

《工伤保险条例》第十四条第三款规定,“在工作时间和工作场所内,因履行工作职责受到暴力等意外伤害的”,应当认定为工伤。

◎案例

2014年1月13日,某市建筑工程公司高层建筑施工中发生高空坠落事故,一名工人从30米高处坠落在地,脑浆迸裂而死。

经有关部门勘查完毕后,建筑公司在该部门现场负责人的指挥下派工人张某参加清理现场,当时张某目睹同事的事故惨状,精神受到了严重刺激,出现精神失常,经住院治疗未能痊愈。张某的情况能否认定为工伤?

◎法律分析

本案中,张某在工作时间和工作场所内,履行施工职责,及时帮助公司清理事故现场,履行公司的工作职责。张某因为目睹自己熟悉的同事死于事故的悲惨状况,精神上受到严重伤害,导致精神失常。虽然高空坠落事故与张某没有直接关系,但张某及时清理现场,在履行职责过程中遭受极大刺激、精神上受到伤害而引发的精神病,这属于《工伤保险条例》第十四条第三款规定中“意外伤害”的范畴,也应当认定为工伤。

二、视同工伤

79. 哪些情形可以视同为工伤?

我国《工伤保险条例》第十五条规定,职工有下列情形之一的,视同工伤。

（1）在工作时间和工作岗位，突发疾病死亡或者在48小时之内经抢救无效死亡的。

职工突发疾病死亡，能否享受工伤保险待遇，可以分为下列两种情况：①职工在工作时间和工作岗位突发疾病死在工作岗位的，以及职工在工作时间和工作岗位突发疾病后没有当时死亡，经过抢救后在48小时之内死亡的应当视同工伤。对于视同工伤的，按照《工伤保险条例》的有关规定享受工伤保险待遇。②职工虽然是在工作时间和工作岗位突发疾病，但是当时没有死在工作岗位上，经过48小时抢救之后死亡的，则不属于视同工伤的情形，不能按照《工伤保险条例》的规定享受工伤保险待遇。

（2）在抢险救灾等维护国家利益、公共利益活动中受到伤害的。

本项规定有两种情形：一是在维护国家利益活动中受到伤害，二是在维护公共利益活动中受到伤害。本项列举了抢险救灾这种情形，但仅仅是带有提示性的作用，其情形不限于抢险救灾，凡是与抢险救灾性质类似的行为，都可以认定为维护国家利益和维护公共利益的行为。例如，普通职工挺身而出勇斗歹徒负伤的，就应视同工伤。

（3）职工原在军队服役，因战、因公负伤致残，已取得革命伤残军人证，到用人单位后旧伤复发的。

根据这一规定，职工在军队服役期间负伤致残，到用人单位后旧伤复发的，是否应该享受工伤保险待遇，不能一概而论，可以分两种情况。一是职工在军队服役期间是因公负伤致残，并已取得革命伤残军人证，到用人单位后旧伤复发的，能够享受除一次性伤残补助金以外的工伤保险待遇。二是职工在军队服役期间是因公负伤致残，但并未取得革命伤残军人证，或者职工在军队服役期间不是因公负伤致残，到用人单位后旧伤复发的，按照《工伤保险条例》的规定既不属于应该认定为工伤的情形，也不属于应该视同工伤的情形，不能享受工伤保险待遇。该类职工治疗旧伤复发的医疗费用，按照医疗保险的有关规定执行。

对于以上第（1）项和第（2）项的情形，职工工伤待遇与认定为工伤的职工的待遇相同。只有对第（3）项的情形有了一个扣除，规定革命伤残军人旧伤复发的，不能享受一次性伤残补助金。

但上述内容不包括下列三种情况：①故意犯罪的；②醉酒或者吸毒的；③自残或者自杀的。

80. 维护公共安全受伤后为何只能“视同工伤”?

认定工伤应满足《工伤保险条例》第十四条认定工伤的七种情况，即：

（1）在工作时间和工作场所内，因工作原因受到事故伤害的；

（2）工作时间前后在工作场所内，从事与工作有关的预备性或者收尾性工作受到事故伤害的；

（3）在工作时间和工作场所内，因履行工作职责受到暴力等意外伤害的；

（4）患职业病的；

（5）因工外出期间，由于工作原因受到伤害或者发生事故下落不明的；

（6）在上下班途中，受到非本人主要责任的交通事故或者城市轨道交通、客运轮渡、火车事故伤害的；

（7）法律、行政法规规定应当认定为工伤的其他情形。

因此，维护公共安全受伤既不在工作过程中，也不是因工作原因，超出了工伤范围，不满足认定工伤的七种情况，但是维护国家利益、公共利益，从事抢险救灾、见义勇为等活动应当予以鼓励支持。《工伤保险条例》规定“在抢险救灾等维护国家利益、公共利益活动中受到伤害的”视同工伤对待，并按照《工伤保险条例》的有关规定享受工伤保险待遇。

但在认定工伤时，需要持用人单位及有关部门出具的可靠证明，以及当时就诊的诊断证明，由社会保险行政部门的工伤认定机关认定。

◎案例

2014 年 12 月，某地质勘探队职工韩某（具有多年的爆破作业经验）受领导委派去参加当地公安和安监部门联合组织的取缔非法生产烟花爆竹的行动，具体任务是销毁被查封的火药，消除危害公共安全的事故隐患。由于在处理火药时发生意外，韩某被烧伤。事后，地质勘探队为韩某申报了工伤，但韩某担心自己是在政府组织的维护公共安全的行动中受的伤，会被认定为“视同工伤”，担心与工伤的待遇有所不同。韩某的情况属于“工伤”还是“视同工伤”，两者的待遇有什么不同？

◎法律分析

《最高人民法院关于审理工伤保险行政案件若干问题的规定》的新闻发布会上，对于“工作原因、工作时间和工作场所”的理解确定了以下三个思路：一是对“工作原因”的认定应当考虑是否履行工作职责、是否受用人单位指派、是否与工作职责有关、是否基于用人单位的正当利益等因素；二是对“工作时间”的认定应当考虑是否属于因工作所需的时间；三是对“工作场所”的认定则应当考虑是否属于因工作涉及的区域以及自然延伸的合理区域。

且《最高人民法院关于审理工伤保险行政案件若干问题的规定》第四条第二款“职工参加用人单位组织或者受用人单位指派参加其他单位组织的活动受到伤害的”，社会保险行政部门认定为工伤的，人民法院应予支持。

所以，本案中韩某是因为工作原因，在工作时间、工作场所受到的伤害，应认定为工伤。不过，针对韩某而言，视同工伤与工伤在待遇上没有区别，韩某的担心是多余的。

81. 职工在上下班途中参加救火被烧伤算工伤吗？

根据《工伤保险条例》第十五条第二款规定，在抢险救灾等维护国家利益、公共利益活动中受到伤害的，视同工伤。此处并没有规定抢险救灾等维护国家利益、公共利益活动的时限，所以职工在上下班途中或者其他情形下参加救火被烧伤都属于现行《工伤保险条例》中视同工伤的范畴。

◎案例

2014 年 12 月 10 日，某化肥厂职工宋某骑车下班经过某造纸厂时，看到造纸厂原料场起火，消防队尚未赶到。工厂职工和过路群众正进行扑救，他也参加救火，却不料被烧伤。经治疗 1 个月出院后，宋某向单位提出享受工伤待遇申请，而化肥厂以宋某受伤不在工作时间，又不是为本企业救火负伤为由，不同意为宋某申报工伤。双方发生争议，申请当地劳动争议仲裁委员会解决。

◎法律分析

在本例中，劳动争议仲裁委员会根据事实和现行政策规定，裁定宋某烧伤应认定为视同工伤。

《工伤保险条例》规定，职工从事抢险、救灾、救人等维护国家、社会和公众利益而受到伤害应认定为视同工伤。宋某不顾个人安危，抢救集体财产的高尚行为应得到本单位及社会各界的支持、鼓励和表扬。宋某受伤虽不是因从事本单位的工作，但因从事对社会有益的工作受伤，本单位应当按照工伤待遇处理，这既符合国家法律、法规和政策的规定，也是社会主义精神文明建设的需要。

82. 军人在单位工作时旧伤复发，可视同工伤吗？

根据《工伤保险条例》第十五条第三款规定，职工原在军队服役，因战、因公负伤致残，已取得革命伤残军人证，到用人单位后旧伤复发的，视同为工伤。按照《工伤保险条例》的有关规定，可以享受除一次性伤残补助金以外的工伤保险待遇。这样规定，主要是考虑职工原在军队服役期间，因公负伤致残后，已经按照当时军人的有关规定享受了各项待遇，包括一次性待遇。《工伤保险条例》规定的一次性伤残补助金是对伤残职工伤残程度的一次性补偿，与军队发给伤残军人的一次性待遇性质是一样的，因此该类人员不能重复享受。

◎案例

2004年高中毕业的祝某入伍成为一名军人，2006年1月在一次军事演习中不慎造成右手关节处骨折，住进了医院。半年后基本伤愈出院，并经过法定程序取得了革命伤残军人证。

4年后，祝某复员离开了军队，转业回乡在一家县属运输企业里干起了装卸工工作。2013年年初，在一次货物搬运过程中，祝某的右手旧伤复发，再次到医院进行治疗。事后祝某找到厂里的领导，希望厂里认定为工伤，以便享受工伤待遇。但厂里说祝某的伤是在部队服役时发生的，不属于单位的责任，而且跟工作也没有必然的联系，所以不予申请工伤认定。

祝某无奈，又向原来服役的部队反映了自己旧病复发的问题，希望部队能承担医疗费或给予一定的医疗补助，而部队领导给予的答复是祝某已经不是军人，所以部队无法承担非军人的医疗费或为其发放医疗补助。

◎法律分析

《工伤保险条例》在第十五条中针对职工原在军队服役，因战、因公受伤致残，已取得革命伤残军人证，到用人单位后旧伤复发的情况明确规定，应当视同工伤。国家的这种规定，既体现了对服兵役人员的优待政策，也是为了与现行法律规定的退役军人安置办法的政策衔接。它充分体现了国家对服兵役人员的倾斜、照顾政策，有利于吸引、引导适龄青年按照国家《兵役法》的规定，履行服兵役的义务。作为企业，应充分理解并坚决执行国家的这一规定，不能搞本位主义，只考虑本单位的小团体利益，不考虑国家利益。

综上所述，本例中祝某一是因公参加部队演习受伤，二是在部队经法定程序已取得革命伤残军人证，依据这两点并结合我国《工伤保险条例》第十五条第三款的规定，祝某的情况完全应该视同工伤，企业和其本人可以向社会保险行政部门提出视同工伤认定的申请，并通过工伤保险机构最终解决祝某的医疗费问题。

第五部分 劳动能力鉴定

83. 什么是劳动能力鉴定？

劳动能力鉴定是指劳动者因工或非因工负伤以及患病后，劳动能力鉴定机构根据国家鉴定标准，运用有关政策和医学科学技术的方法、手段确定劳动者伤残程度和丧失劳动能力程度的一种综合评定。它是给予受伤害职工保险待遇的基础和前提条件，也是工伤保险管理工作的重要内容。

由中华人民共和国人力资源和社会保障部提出，由国家质量监督检验检疫总局、国家标准化管理委员会于 2014 年发布、2015 年 1 月 1 日实施的《劳动能力鉴定　职工工伤与职业病致残等级》（GB/T 16180—2014），是一部系统、科学、全面的伤残程度鉴定的国家标准。该标准将劳动功能障碍分为十个伤残等级，最重的为一级，最轻的为十级。该标准的伤残条目共列出了 530 种不同的致残情况。这一国家标准的颁布为科学地进行失能鉴定提供了法律依据。随着我国工伤保险制度的逐步完善，对于劳动能力的鉴定标准也会日趋完善。

劳动能力鉴定委员会收到劳动能力鉴定申请后，根据以下程序进行鉴定：①应当及时对申请人提交的材料进行审核，申请人提供材料不完整的，劳动能力鉴定委员会应当自收到劳动能力鉴定申请之日起

5个工作日内一次性书面告知申请人需要补正的全部材料。②申请人提供材料完整的，劳动能力鉴定委员会应当及时组织鉴定，并在收到劳动能力鉴定申请之日起60日内作出劳动能力鉴定结论。伤情复杂、涉及医疗卫生专业较多的，作出劳动能力鉴定结论的期限可以延长30日。③劳动能力鉴定委员会应当视伤情程度等从医疗卫生专家库中随机抽取3名或者5名与工伤职工伤情相关科别的专家组成专家组进行鉴定。④劳动能力鉴定委员会应当提前通知工伤职工进行鉴定的时间、地点以及应当携带的材料。工伤职工应当按照通知的时间、地点参加现场鉴定。对行动不便的工伤职工，劳动能力鉴定委员会可以组织专家上门进行劳动能力鉴定。组织劳动能力鉴定的工作人员应当对工伤职工的身份进行核实。工伤职工因故不能按时参加鉴定的，经劳动能力鉴定委员会同意，可以调整现场鉴定的时间，作出劳动能力鉴定结论的期限相应顺延。⑤因鉴定工作需要，专家组提出应当进行有关检查和诊断的，劳动能力鉴定委员会可以委托具备资格的医疗机构协助进行有关的检查和诊断。⑥专家组根据工伤职工伤情，结合医疗诊断情况，依据《劳动能力鉴定　职工工伤与职业病致残等级》国家标准提出鉴定意见。参加鉴定的专家都应当签署意见并签名。专家意见不一致时，按照少数服从多数的原则确定专家组的鉴定意见。⑦劳动能力鉴定委员会根据专家组的鉴定意见作出劳动能力鉴定结论。劳动能力鉴定结论书应当载明下列事项：工伤职工及其用人单位的基本信息；伤情介绍，包括伤残部位、器官功能障碍程度、诊断情况等；作出鉴定的依据；鉴定结论。

84. 劳动能力鉴定机构有哪些?

劳动能力鉴定委员会分为省、市、县三级，是由当地人民政府设立，劳动保障、卫生等行政部门及工会组织和有关人员组成，具有独立法人资格的中介组织，接受劳动保障行政部门和法律部门指导，其日常工作由设在同级劳动保障行政部门的劳动能力鉴定委员会办公室负责。劳动能力鉴定委员会开展鉴定工作，应当委托有条件的医疗卫生机构或者聘请具有鉴定资格的医生组成专家组，省级劳动能力鉴定委员会可以设立劳动能力鉴定检查中心开展鉴定工作。劳动能力鉴定委员会办公室工作人员必须具有工伤评残的专业知识，熟练掌握工伤保险政策法规。劳动能力鉴定委员会聘请参加鉴定的医生应具有中级以上医学技术职称，并由该委员会发给聘书。劳动能力鉴定人员在进行劳动能力鉴定时，应当全面了解被鉴定人情况，严格执行工伤保险政策法规和评残标准，客观公正地作出鉴定结论，并实行回避制度。各级劳动能力鉴定委员会应当认真执行国家制定的《劳动能力鉴定　职工工伤与职业病致残等级》（GB/T 16180—2014），对因工负伤或者患职业病的职工致残后丧失劳动能力的程度和护理依赖程度进行等级鉴定。评定伤残等级后，应当定期复查伤残状况，并根据复查后的伤残情况按照有关规定调整伤残待遇。

85. 职工工伤与职业病致残等级分级包括什么内容？

根据《劳动能力鉴定　职工工伤与职业病致残等级》（GB/T 16180—2014），按照临床医学分科和各学科间相互关联的原则，对残情的判定划分为五个门类。根据条目划分原则以及工伤致残程度，综合考虑各门类间的平衡，将残情级别分为十个等级。

五个门类为：

（1）神经内科、神经外科、精神科门；

（2）骨科、整形外科、烧伤科门；

（3）眼科、耳鼻喉科、口腔科门；

（4）普外科、胸外科、泌尿生殖科门；

（5）职业病内科门。

86. 职工工伤与职业病致残程度鉴定的定级原则是什么？

根据条目划分原则以及工伤致残程度，综合考虑各门类间的平衡，将残情级别分为一至十级。最重为第一级，最轻为第十级。对未列出的个别伤残情况，参照相应定级原则进行等级评定。

1 级：器官缺失或功能完全丧失，其他器官不能代偿，存在特殊医疗依赖，或完全或大部分或部分生活自理障碍。

2 级：器官严重缺损或畸形，有严重功能障碍或并发症，存在特殊医疗依赖，或大部分或部分生活自理障碍。

3 级：器官严重缺损或畸形，有严重功能障碍或并发症，存在特殊医疗依赖，或部分生活自理障碍。

4 级：器官严重缺损或畸形，有严重功能障碍或并发症，存在特殊医疗依赖，或部分生活自理障碍或无生活自理障碍。

5 级：器官大部分缺损或明显畸形，有较重功能障碍或并发症，存在一般医疗依赖，无生活自理障碍。

6 级：器官大部分缺损或明显畸形，有中等功能障碍或并发症，存在一般医疗依赖，无生活自理障碍。

7 级：器官大部分缺损或畸形，有轻度功能障碍或并发症，存在一般医疗依赖，无生活自理障碍。

8 级：器官部分缺损，形态异常，轻度功能障碍，存在一般医疗依赖，无生活自理障碍。

9 级：器官部分缺损，形态异常，轻度功能障碍，无医疗依赖或者存在一般医疗依赖，无生活自理障碍。

10 级：器官部分缺损，形态异常，无功能障碍，无医疗依赖或者存在一般医疗依赖，无生活自理障碍。

87. 职工发生工伤或职业病致残后，如何进行劳动能力鉴定？

《工伤保险条例》第二十三条规定，劳动能力鉴定由用人单位、工伤职工或者其近亲属向设区的市级劳动能力鉴定委员会提出申请，并提供工伤认定决定和职工工伤医疗的有关资料。

职工发生工伤事故或职业病，丧失劳动能力需要评残时，由职工所在单位填写《劳动能力鉴定申请表》，并备好历次病、伤、残医疗机构治疗的原始病历材料。另外，属于因工致残的，还需持工伤事故调查报告及有关资料；属于职业病的，需持卫生部门授权的职业病防治所（院）提供的诊断资料；属于精神病的，还需持精神病院的诊断资料；属于其他情况的，还需持有说服力的证明资料等，做好劳动能力鉴定案件的上报工作。

劳动能力鉴定委员会受理鉴定案件时对资料齐备的，统一安排鉴定，并通知职工单位鉴定的时间、地点、人员。对于资料不全或情况不明的，不予受理。

由劳动保障行政部门、医院的技术专家组确定伤残、病残职工状况，写出定性、定量的诊断意见，由劳动能力鉴定委员会确定伤病等级，并发给等级证明书。

申请鉴定的单位或者个人对设区的市级劳动能力鉴定委员会作出的鉴定结论不服的，可以在收到该鉴定结论之日起 15 日内向省、自治区、直辖市劳动能力鉴定委员会提出再次鉴定申请。省、自治区、直辖市劳动能力鉴定委员会作出的劳动能力鉴定结论为最终结论。

88. 职工工伤与职业病致残程度鉴定以后，还能更改鉴定结论吗？

《工伤保险条例》第二十六条规定，申请鉴定的单位或者个人对设区的市级劳动能力鉴定委员会作出的鉴定结论不服的，可以在收到该鉴定结论之日起15日内向省、自治区、直辖市劳动能力鉴定委员会提出再次鉴定申请。省、自治区、直辖市劳动能力鉴定委员会作出的劳动能力鉴定结论为最终结论。第二十八条规定，自劳动能力鉴定结论作出之日起1年后，工伤职工或者其近亲属、所在单位或者经办机构认为伤残情况发生变化的，可以申请劳动能力复查鉴定。

《劳动能力鉴定　职工工伤与职业病致残等级》规定“在劳动能力鉴定过程中，工伤或职业病后出现合并症，其致残等级的评定以鉴定时实际的致残结局为依据”。

综上所述，残情定级后并不是永远不变的，劳动能力鉴定委员会必须定期或不定期对工伤致残人员进行复查，发现残情有变化，就应相应变更评残等级。工伤致残人员也有权提出重新鉴定的申请，劳动能力鉴定委员会应该随时给予鉴定。

89. 职工对伤残等级鉴定结论不服，能否提起行政诉讼？

《中华人民共和国行政诉讼法》第十三条第四款规定人民法院不受理公民、法人或者其他组织对“法律规定由行政机关最终裁决的行政行为”提起的诉讼。而《工伤保险条例》第二十六条规定了“省、自治区、直辖市劳动能力鉴定委员会作出的劳动能力鉴定结论为最终结论”。

同时，《人力资源社会保障行政复议办法》第八条第三款规定

“劳动能力鉴定委员会的行为”不能申请行政复议。

所以，职工对伤残等级鉴定结论不服，可以根据《工伤保险条例》第二十六条或第二十八条的规定提出再次鉴定申请，但是不能提出行政诉讼或者行政复议。

◎**案例**

2004年1月22日，魏某到劳动能力鉴定委员会进行劳动能力鉴定。半个月后，市劳动能力鉴定委员会通知魏某前去领取有关伤残等级鉴定结论。魏某拿到鉴定结论一看，与自己原来预料的鉴定结果有出入。魏某对伤残等级结论不服，能否提起行政诉讼？

◎**法律分析**

工伤职工对伤残等级结论不服，不能提起行政诉讼，理由如下：

一是原劳动和社会保障部颁布的《劳动和社会保障行政复议办法》规定，公民、法人或者其他组织对劳动能力鉴定委员会作出的伤残等级鉴定结论不服的，不能申请行政复议。这就是说，对于劳动能力鉴定等级不服的，公民、法人提出法律诉讼或者法院受案处理都没有法律、法规依据。

二是从劳动能力鉴定委员会组织形式和工作性质来看，它不是具体的行政行为。伤残等级鉴定工作是根据国家评残标准进行的，劳动能力鉴定委员会是当地政府协调劳动、卫生和工会等部门互相配合、支持这项事业的虚设机构，劳动能力鉴定委员会办公室具体组织落实。伤残等级和护理依赖程度的鉴定是医学专家组根据工伤职工的伤情作出的技术性结论，它在很大程度上属于技术性和事业性的工作，不是具体行政行为。

但是本例中，魏某可以申请劳动能力复查鉴定。

工伤职工对伤残等级结论不服，正确的做法应该是通过由下而上的复查程序，以保障鉴定工作的公正合理。即如果职工对市劳动能力鉴定委员会作出的伤残鉴定结论不服的，可以申请省级劳动能力鉴定委员会进行再次鉴定，省级劳动能力鉴定委员会作出的鉴定结论为最终结论。

另外，在伤残鉴定结论作出之日1年后，如果觉得伤残情况有变化的，可以重新向当地市劳动能力鉴定委员会申请复查鉴定，并按照新确定的伤残等级享受有关工伤保险待遇。

90. 同样残情，等级待遇为何不一致？

根据《劳动能力鉴定 职工工伤与职业病致残等级》（GB/T 16180—2014），“依据工伤致残者于评定伤残等级技术鉴定时的器官损伤、功能障碍及其对医疗与日常生活护理的依赖程度，适当考虑由于伤残引起的社会心理因素影响，对伤残程度进行综合判定分级”，而不是只看伤残所导致的纯生理障碍。

◎**案例**

张某与王某均是某机械厂的职工，二人同在一个车间，又同样为26岁。张某于2012年元旦结婚，2013年生下一个男孩。王某于

2012年年底结婚，尚无小孩。2014年1月13日，张某与王某在晚上加班的时候遭受重大机械事故，幸亏抢救及时，没有生命危险，但二人的子宫均被摘除。经过工伤认定后，两人又在市劳动能力鉴定委员会做了伤残鉴定。2014年4月13日，市劳动能力鉴定委员会通知机械厂人事部，张某、王某二人的伤残等级分别为七级、五级，建议厂里根据相应的伤残等级落实职工的工伤待遇。张某对此表示不服，王某也表示不解。同是切除子宫，为何伤残等级不一致？

◎法律分析

由于工伤致残的鉴定标准是依据工伤职工医疗期满时的器官缺损、功能障碍、医疗依赖、护理依赖程度和心理障碍因素的影响，对伤残程度进行综合判定分级的。因此，对育龄妇女子宫切除的评残，还要区别未育和已育两种情况。王某是未生育的职工，张某是已生育的职工，两人残情相同，所定等级不同的差距就在这里。妇女生儿育女是人类繁衍的社会需要，对育龄妇女来说，尚未生育时因工伤造成终身不能生育，所引起的家庭损失和精神压力是可想而知的。如果发生在已生育的女职工身上，这种精神压力就会小得多。同时，需要说明的是，目前工伤保险政策不考虑精神损失赔偿，但是专家们考虑到生殖器官损伤对生活质量的影响问题，因此规定，在残情相同的情况下，对于未育职工，伤残等级可以根据实际情况适当定得高一些。

第六部分 工伤待遇

91. 工伤医疗待遇具体包括哪些内容？

工伤保险待遇包括工伤医疗待遇、伤残待遇、因工死亡待遇等。

治疗工伤所需费用符合工伤保险诊疗项目目录、工伤保险药品目录、工伤保险住院服务标准的，从工伤保险基金支付。职工住院治疗工伤的伙食补助费，以及经医疗机构出具证明，报经办机构同意，工伤职工到统筹地区以外就医所需的交通、食宿费用从工伤保险基金支付。工伤职工到签订服务协议的医疗机构进行工伤康复的费用，符合规定的，从工伤保险基金支付。

工伤职工因日常生活或者就业需要，经劳动能力鉴定委员会确认，可以安装假肢、矫形器、假眼、假牙和配置轮椅等辅助器具，所需费用按照国家规定的标准从工伤保险基金支付。

职工因工作遭受事故伤害或者患职业病需要暂停工作接受工伤医疗的，在停工留薪期内，原工资福利待遇不变，由所在单位按月支付。工伤职工评定伤残等级后，停发原待遇，按照本部分的有关规定享受伤残待遇。工伤职工在停工留薪期满后仍需治疗的，继续享受工伤医疗待遇。生活不能自理的工伤职工在停工留薪期需要护理的，由所在单位负责。

92. 什么是停工留薪期？停工留薪期的期限是多少？

停工留薪期是指职工因工负伤或患职业病需要停止工作接受治疗和领取工伤津贴的期限。《工伤保险条例》第三十三条规定，职工因工作遭受事故伤害或者患职业病需要暂停工作接受工伤医疗的，在停工留薪期内，原工资福利待遇不变，由所在单位按月支付。

停工留薪期一般不超过 12 个月。伤情严重或情况特殊，经设区的市级劳动能力鉴定委员会确认，可以适当延长，但延长不得超过

12 个月。工伤职工在停工留薪期满后仍需治疗的，继续享受工伤医疗待遇。生活不能自理的工伤职工在停工留薪期需要护理的，由所在单位负责。

93. 职工在停工留薪期内享受何种工资福利待遇？

职工发生工伤后，停工留薪期内，除享受工伤医疗待遇外，原工资福利待遇不变，由所在单位支付。生活不能自理需要护理的，由所在单位负责护理。停工留薪期满后应由所在地进行劳动能力鉴定，劳动能力鉴定委员会评定伤残等级，按照伤残等级享受伤残待遇。

94. 伤残待遇具体包括哪些内容？

工伤职工已经评定伤残等级并经劳动能力鉴定委员会确认需要生活护理的，从工伤保险基金按月支付生活护理费。生活护理费按照生活完全不能自理、生活大部分不能自理或者生活部分不能自理 3 个不同等级支付，其标准分别为统筹地区上年度职工月平均工资的 50%、40%、30%。

经劳动能力鉴定丧失劳动能力的工伤职工，享受伤残待遇。其待

遇标准按照伤残鉴定等级（一至十级）的不同而有所区别。

职工因工致残被鉴定为一级至四级伤残的，保留劳动关系，退出工作岗位，享受以下待遇：

(1) 从工伤保险基金按伤残等级支付一次性伤残补助金，标准为：一级伤残为 27 个月的本人工资，二级伤残为 25 个月的本人工资，三级伤残为 23 个月的本人工资，四级伤残为 21 个月的本人工资。

(2) 从工伤保险基金按月支付伤残津贴，标准为：一级伤残为本人工资的 90%，二级伤残为本人工资的 85%，三级伤残为本人工资的 80%，四级伤残为本人工资的 75%。伤残津贴实际金额低于当地最低工资标准的，由工伤保险基金补足差额。

(3) 工伤职工达到退休年龄并办理退休手续后，停发伤残津贴，按照国家有关规定享受基本养老保险待遇。基本养老保险待遇低于伤残津贴的，由工伤保险基金补足差额。

职工因工致残被鉴定为一级至四级伤残的，由用人单位和职工个人以伤残津贴为基数，缴纳基本医疗保险费。

职工因工致残被鉴定为五级、六级伤残的，享受以下待遇：

(1) 从工伤保险基金按伤残等级支付一次性伤残补助金，标准为：五级伤残为 18 个月的本人工资，六级伤残为 16 个月的本人工资。

(2) 保留与用人单位的劳动关系，由用人单位安排适当工作。难以安排工作的，由用人单位按月发给伤残津贴，标准为：五级伤残为本人工资的 70%，六级伤残为本人工资的 60%，并由用人单位按照规定为其缴纳应缴纳的各项社会保险费。伤残津贴实际金额低于当地最低工资标准的，由用人单位补足差额。

经工伤职工本人提出，该职工可以与用人单位解除或者终止劳动关系，由工伤保险基金支付一次性工伤医疗补助金，由用人单位支付一次性伤残就业补助金。一次性工伤医疗补助金和一次性伤残就业补助金的具体标准由省、自治区、直辖市人民政府规定。

职工因工致残被鉴定为七级至十级伤残的，享受以下待遇：

（1）从工伤保险基金按伤残等级支付一次性伤残补助金，标准为：七级伤残为13个月的本人工资，八级伤残为11个月的本人工资，九级伤残为9个月的本人工资，十级伤残为7个月的本人工资。

（2）劳动、聘用合同期满终止，或者职工本人提出解除劳动、聘用合同的，由工伤保险基金支付一次性工伤医疗补助金，由用人单位支付一次性伤残就业补助金。一次性工伤医疗补助金和一次性伤残就业补助金的具体标准由省、自治区、直辖市人民政府规定。

◎案例

刘某原系S市某化工设备厂职工，后因改制该厂并入某公司。刘某于2003年7月至2009年6月间在化工设备厂从事喷砂工作。2011年12月，刘某患上三期矽肺病，遂停止工作治疗休息。在此期间，公司按月发给刘某部分工资，并报销其全部医疗费用。刘某的工资领取和医疗费报销均由其妻郑某办理。

2012年8月31日，刘某所在的公司拟定了《改制企业职工工伤补助安置协议》和《改制企业职工安置协议》，协议明确向刘某支付一次性工伤医疗补助金70 000元和退职补助金2 250元，刘某之妻郑某在上述协议上作为乙方签名，刘某之弟也一同签名，当日郑某即取走工伤补助金及退职补助金合计72 250元。同年9月21日，郑某又在另一份《改制企业职工安置协议》上代表刘某签名并取走一次性退职补助金3 330元。从2012年9月起，公司停止支付部分工资，不再报销医药费用。刘某向医生了解后得知，职业病往往是难治愈的疾病，伤者后期维持治疗费用相当高，如果不能享受工伤待遇，其一次性领取的医疗补助金很快就会用完，将来生活、治疗都无法得到保障。

2013年12月25日，刘某向所在市劳动争议仲裁委员会提起劳动仲裁，要求享受工伤待遇。劳动仲裁期间，该市劳动能力鉴定委员会受劳动仲裁委员会的委托，鉴定刘某伤残等级为三级，鉴定护理等级为大部分护理依赖。经审理，劳动争议仲裁委员会认为刘某可以享有有关三级伤残的工伤待遇。

该企业不服，认为刘某已经领取一次性工伤医疗补助金和一次性退职补助金，与企业划清了关系，故向当地法院提起诉讼。

◎法律分析

针对本例中刘某的情况，当地法院经审理认为：

企业职工在生产、工作中因患职业病使身体健康受到伤害后有获得医疗救治、经济补偿和职业康复的权利。根据《人力资源社会保障部关于执行〈工伤保险条例〉若干问题的意见》和《工伤保险条例》等相关规定，职工因工受伤后，应当先行治疗，待治愈或病情稳定后作出职工工伤伤残等级鉴定，伤残等级五级以下的，在工伤职工本人提出的情况下，可与企业达成一次性领取工伤医疗补助金的相关协议。该案中虽然公司与刘某之妻郑某就刘某工伤待遇签订了领取一次性工伤医疗补助金的协议，但因协议签订之时尚未对刘某的工伤伤残等级作出鉴定，因此双方并无签订一次性工伤补助协议的客观事实基础，此为其一。其二，所达成的一次性领取工伤医疗补助金的协议并非刘某本人提出。其三，刘某伤残等级为三级，不可解除劳动关系领取一次性工伤医疗补助金，应按月支付伤残津贴。其四，不得将工伤保险基金支付的各项长期待遇改为一次性支付。

故法院判决该企业全额报销刘某治疗工伤所需的挂号费、住院费、医疗费、药费、就医路费等，根据《工伤保险条例》有关三级伤残的待遇，刘某应得的一次性伤残补助金为23个月的本人工资；每月的伤残津贴为本人工资的80%，伤残津贴实际金额低于当地最低工资标准的，由工伤保险基金补足差额；工伤职工达到退休年龄并办理退休手续后，停发伤残津贴，按照国家有关规定享受基本养老保险待遇。基本养老保险待遇低于伤残津贴的，由工伤保险基金补足差额。

95. 因工死亡待遇具体包括哪些内容?

职工因工死亡，其近亲属按照下列规定从工伤保险基金领取丧葬补助金、供养亲属抚恤金和一次性工亡补助金：

（1）丧葬补助金为6个月的统筹地区上年度职工月平均工资。

（2）供养亲属抚恤金按照职工本人工资的一定比例发给由因工死亡职工生前提供主要生活来源、无劳动能力的亲属。标准为：配偶每月40%，其他亲属每人每月30%，孤寡老人或者孤儿每人每月在上述标准的基础上增加10%。核定的各供养亲属的抚恤金之和不应高于因工死亡职工生前的工资。

（3）一次性工亡补助金标准为上一年度全国城镇居民人均可支配收入的20倍。

伤残职工在停工留薪期内因工伤导致死亡的，其近亲属享受上述的待遇。

一级至四级伤残职工在停工留薪期满后死亡的，其近亲属可以享受第（1）项、第（2）项规定的待遇。

上述各项工伤保险待遇中的伤残津贴、供养亲属抚恤金、生活护理费由统筹地区社会保险行政部门根据职工平均工资和生活费用变化等情况适时调整。调整办法由省、自治区、直辖市人民政府规定。

◎案例

朱某，男，出生于1960年3月，系某实业公司职工。2014年4月29日上班时突发心脏病，送医院后经抢救无效死亡。朱某生前供养的亲属有：其母王某，1941年出生，无职业；其妻张某，1958年出生，无工作。朱某之死经当地社会保险行政部门认定为因工死亡。其因工死亡后保险待遇应如何计算呢？

◎法律分析

该案涉及职工因工死亡后工伤待遇应如何支付的问题。按照《工伤保险条例》第三十九条的规定，职工因工死亡的，享受的工伤保险待遇包括三项：丧葬补助金、供养亲属抚恤金、一次性工亡补助金。一是丧葬补助金，标准为6个月的本省、自治区、直辖市上年度职工平均工资。二是供养亲属抚恤金，标准为配偶每月40%，其他供养亲属每月按30%发给。孤寡老人或者是孤儿每人每月在此标准基础上加发10%，但抚恤金总额不得超过职工生前工资。供养亲属抚恤金根据上年度职工平均工资增长的一定比例每年调整一次。三是一次性工亡补助金，为当年全国城镇居民人均可支配收入的20倍。该市2013年职工平均工资为24 045元，全国城镇居民可支配收入为26 467元。朱某生前月工资为1 500元。

按某市的具体规定和工资标准及朱某本人的工资水平，有关朱某工亡待遇计算如下：丧葬补助金为24 045×6÷12，计12 022.5元；供养亲属抚恤金，张某为1 500×40%，计600元，王某为1 500×30%，计450元；一次性工亡补助金：26 467×20，计529 340元。

96. 退休以后工伤职工的工伤待遇有哪些变化?

职工按规定累计缴纳基本养老保险费满 15 年后，伤残等级为五级以下且可以安排工作的工伤职工达到退休年龄并办理退休手续后，按照国家有关规定享受基本养老保险待遇。一级至四级伤残职工和难以安排工作的五级至六级伤残职工在达到法定退休年龄后，停发伤残津贴，转而享受基本养老保险待遇，基本养老保险待遇低于伤残津贴的，由工伤保险基金补足差额。

◎**案例**

马某的父亲是国企工厂的一名工人，工作时被电锯锯掉右手大拇指、小拇指，其余三指锯伤，左手拇指严重损伤，功能完全丧失。2013 年 8 月经当地社会保险行政部门鉴定因工致残等级为四级，伤害程度为重伤。他父亲即将退休，那么退休以后可以享受哪些工伤待遇？工伤认定多年后，由于工伤诱因引起的其他疾病国家有什么待遇？

◎**法律分析**

马某父亲的退休待遇应按照当地养老保险的有关规定执行。但退休以后治疗工伤部位的医疗费符合相关规定的按 100％报销，由工伤直接导致其他疾病的医疗费用符合有关规定的也按 100％报销。

97. 工伤医疗费包干生效吗?

《工伤保险条例》第三十条规定，职工因工作遭受事故伤害或者患职业病进行治疗，享受工伤医疗待遇。第六十二条规定，依照《工伤保险条例》规定应当参加工伤保险而未参加工伤保险的用人单位职工发生工伤的，由该用人单位按照《工伤保险条例》规定的工伤保险待遇项目和标准支付费用。

我国法律规定，一份有效的劳动合同必须符合下列条件：①双方是完全民事行为能力人；②意思表示一致，内容是双方平等协商的结果；③内容不违反法律、社会公共道德；④如果法律要求需要登记的话，必须登记后才生效。

所以说工伤医疗费用包干不符合《工伤保险条例》的有关规定，也是违反《劳动合同法》的，显然工伤医疗包干不能生效。

◎案例

李某 2012 年 9 月被某液化气公司招为合同制工人，双方签订了两年的劳动合同，合同约定保障乙方（李某）享受国家规定的保险福利待遇。但该公司并没有为李某缴纳工伤保险费。2013 年 12 月 1 日，李某在灌装液化气钢瓶时发生火灾被烧成重伤。在治疗期间，公司提出与李某签订治疗费用包干的协议，协议约定公司一次性付给李某治疗费 15 000 元，李某同意并在协议上签了字。后来，因治疗过程中皮肤感染、费用加大，李某出院时住院治疗费达 28 500 元，其本人难以承担，要求公司予以报销。公司以事先与李某达成协议为由推卸责任，不再报销治疗费用。

◎法律分析

本例中，企业的这种做法是违法的。理由如下：

（1）该公司与李某签订的工伤医疗费用包干协议违反法规规定。《工伤保险条例》第三十条规定，职工因工作遭受事故伤害或者患职业病进行治疗，享受工伤医疗待遇。

治疗工伤所需费用符合工伤保险诊疗项目目录、工伤保险药品目录、工伤保险住院服务标准的，从工伤保险基金支付。

由于公司没有为李某缴纳工伤保险费，因此，工伤保险基金不能为李某支付有关工伤医疗费用。故液化气公司应当依据《工伤保险条例》第六十二条的规定为李某全额报销工伤治疗医药费，而该公司以所签订的一次性支付医疗费 15 000 元的协议，拒付其余治疗费，是一种逃避责任的行为，也是违反国家有关法规的行为。

（2）该公司与李某签订的治疗费用包干协议是无效的。一是此协议与原劳动合同条款相抵触，原合同约定保障李某享受国家规定的保险福利待遇，而协议条款却不按国家有关规定执行，约定费用一次性支付；二是违反国家法规规定，工伤职工治疗工伤医疗费全额报销，而协议中一次性支付 15 000 元显然不符合国家工伤保险法规有关规定，此协议不具有法律效力。

该公司应认真履行与李某签订的劳动合同并按国家规定支付李某因工负伤的全部治疗费用。

98. 职工“泡工伤”不上班对吗？

按照《工伤保险条例》《工伤职工劳动能力鉴定管理办法》的有关规定，职工因工作遭受事故伤害或者患职业病后，可以根据需要暂停工作接受工伤医疗。但经治疗伤情相对稳定后存在残疾、影响劳动能力的，或者停工留薪期满（含劳动能力鉴定委员会确认的延长期限），工伤职工或者其用人单位应当及时向设区的市级劳动能力鉴定委员会提出劳动能力鉴定申请。待评定伤残等级后，停发原待遇，根据伤残等级退出工作岗位或由用人单位安排适当工作。工伤职工拒不接受劳动能力鉴定的，停止享受工伤保险待遇。

因此，可以看出职工“泡工伤”不上班是不对的，也是不允许的，工伤保险政策不会保护这种错误的行为。

◎案例

王某系某交电公司职工，2012 年 6 月 10 日在搬运货物时砸伤腰部，经医院诊断为腰椎间盘突出症，当地社会保险行政部门认定为工伤，劳动能力鉴定委员会确认住院治疗和医疗期。住院治疗半个月后，基本稳定，出院回家休息。到2013年10月，单位认为王某已超过医疗期，就通知其到公司上班。但是王某自行找到医院出具诊断腰椎间盘突出症未愈的证明，以腰椎疼不能工作为由，不到公司工作，公司无奈仍支付其工伤津贴。直到2014年3月，公司再次通知他上班，王某还以伤情未愈为借口不上班。

◎**法律分析**

停工留薪期一般不超过12个月。伤情严重或者情况特殊，经市级劳动能力鉴定委员会确认，可以适当延长，但延长不得超过12个月。

王某在家休息时间已经超过12个月，且王某私自找医院出具医疗证明并不符合规定，不能延长其停工留薪期。对此，公司可以向设区的市级劳动能力鉴定委员会提出劳动能力鉴定申请。根据伤残等级鉴定结果，为王某安排适当工作或者办理退休手续。若王某拒绝接受劳动能力鉴定，公司可以停发王某的工伤保险待遇。

99. 因工死亡职工供养亲属的范围有哪些？供养亲属享受的条件有何限制？

自2004年1月1日起实施的《因工死亡职工供养亲属范围规定》第二条明确规定，因工死亡职工供养亲属，是指该职工的配偶、子女、父母、祖父母、外祖父母、孙子女、外孙子女、兄弟姐妹。

上述规定所称子女包括婚生子女、非婚生子女、养子女和有抚养关系的继子女。其中，婚生子女、非婚生子女包括遗腹子女；父母包括生父母、养父母和有抚养关系的继父母；兄弟姐妹包括同父母的兄弟姐妹、同父异母或者同母异父的兄弟姐妹、养兄弟姐妹、有抚养关系的继兄弟姐妹。

依靠因工死亡职工生前提供主要生活来源，并有下列情形之一的，

可根据《因工死亡职工供养亲属范围规定》第三条的规定，申请供养亲属抚恤金：

（1）完全丧失劳动能力的；

（2）工亡职工配偶，男年满60周岁、女年满55周岁的；

（3）工亡职工父母，男年满60周岁、女年满55周岁的；

（4）工亡职工子女，未满18周岁的；

（5）工亡职工父母均已死亡，其祖父、外祖父年满60周岁，祖母、外祖母年满55周岁的；

（6）工亡职工子女已经死亡或完全丧失劳动能力，其孙子女、外孙子女未满18周岁的；

（7）工亡职工父母均已死亡或完全丧失劳动能力，其兄弟姐妹未满18周岁。

同时，《因工死亡职工供养亲属范围规定》第四条规定，领取抚恤金人员有下列情形之一的，停止享受抚恤金待遇：①年满18周岁且未完全丧失劳动能力的；②就业或参军的；③工亡职工配偶再婚的；④被他人或组织收养的；⑤死亡的。

《因工死亡职工供养亲属范围规定》第五条还规定，领取抚恤金的人员，在被判刑收监执行期间，停止享受抚恤金待遇。刑满释放仍符合领取抚恤金资格的，按规定的标准享受抚恤金。

◎案例

某公司职工尚某2010年5月因工致残后退职休养，2012年11月18日不幸病故。当时尚某妻子57岁，尚某之子27岁。尚某病故后，该公司负责承办了丧事，并一次性付给死者妻子丧葬费750元。

后来，尚某妻子和儿子相依为命，并没有再婚。2013年3月，尚某之子找到该公司，要求公司发给其母亲抚恤费。该公司以已为尚某办理了丧事并付给尚某妻子750元丧葬费为由，拒绝再发给尚某妻子抚恤费。经多次交涉无效，尚某之子代其母亲向当地劳动争议仲裁委员会提出申诉，请求公司发给抚恤费。仲裁委员会受理此案后，经调查情况属实，在调解无效的情况下，裁决该公司按尚某月工资的40%按月支付尚某妻子抚恤费，直至尚某之妻失去供养条件。

◎法律分析

这起案件争议的基本问题是如何支付因工死亡职工供养的直系亲属的抚恤费问题。按照《劳动法》第七十三条的规定，劳动者死亡后，其遗属依法享受遗属津贴。这是劳动者本人享受社会保险待遇的一种延伸，是社会保险待遇的重要组成部分。

另外，本例中，尚某的妻子57岁且无再婚，其条件完全符合《因工死亡职工供养亲属范围规定》第三条和第四条的规定，属于合法领取抚恤金资格的范畴。

因此，企业不仅应当依法支付职工本人的各项社会保险待遇，而且应当按照《因工死亡职工供养亲属范围规定》第三条和第四条的规定对职工本人死亡后供养的直系亲属依法付给相应的抚恤金，不能因职工本人死亡而不重视其遗属应当享有的待遇。

100. 什么是职业性有害因素？如何分类？

依据《职业卫生名词术语》（GBZ/T 224—2010）2.6：职业性有害因素又称职业病危害因素，在职业活动中产生和（或）存在的、可能对职业人群健康、安全和作业能力造成不良影响的因素或条件，包括化学、物理、生物等因素。《职业病防治法》第八十七条规定，职业病危害因素包括职业活动中存在的各种有害的化学、物理、生物因素以及在作业过程中产生的其他职业有害因素。

可以从不同的角度对职业性有害因素进行分类，如分为五大类：化学因素、物理因素、生物因素、生理因素和环境因素。其中，与生产过程有关的职业性有害因素有化学因素、物理因素和生物因素；与劳动过程有关的职业性有害因素是生理因素；与作业场所环境有关的职业性有害因素是环境因素。

（1）化学危害因素。化学危害因素（主要包括各类生产性毒物及粉尘）可能引起职业中毒和职业病。

（2）物理危害因素。物理危害因素包括高气压、低气压、噪声及振动、高温、低温、高频、微波、红外线、紫外线、激光、电磁辐射、电离辐射等，这些危害因素可能造成职业病。

（3）生物危害因素。生物危害因素主要指生产过程中那些使人致病的微生物或寄生虫。

（4）生理危害因素。如劳动强度过大、劳动时间过长、精神或视力过度紧张等。

（5）环境危害因素。一般与卫生条件和卫生技术措施不良有关，如厂房矮小狭窄，采光照明不足，通风不良，烈日下室外作业，有毒作业与无毒作业安排在一个车间内等。

上述各类职业危害因素可能存在于特定工作场所或者伴随特定职业，对从事该职业活动的劳动者可能造成健康损害或者影响，可能产生职业病。这是广义的职业病，但在立法意义上，职业病则具有一定的范围。

101. 什么是职业中毒？职业中毒有哪些表现形式？

职业中毒是指在生产过程中，由于工作环境、场所产生的生产性毒性物质而引起的劳动者中毒。在生产的组织过程中，往往由于没有防护措施或防护措施不够、防护安全装置失灵、意外事故导致毒物泄漏等原因，劳动者会接触到许多金属、非金属及其化合物、有机物、农药等，导致人体各部位中毒，引起某些器官和系统发生暂时或永久性的病变。

职业中毒根据其发生的时间和过程，可以分为急性中毒、慢性中毒和亚急性中毒三种类型。亚急性中毒介于急性中毒与慢性中毒之间。急性中毒是由于较大量的毒物在短时期内侵入人体后突然发生的病变现象。慢性中毒是由于较小量的毒物持续或经常地侵入人体内所逐渐产生的病变现象。在生产中所发生的职业中毒中慢性中毒最为常见，而急性中毒则往往是意外事故或突发事件造成的。亚急性中毒多为在较短时间内有较大剂量药物进入人体或者长期连续接触一定剂量毒物所致，而这个毒物接触人体的程度是介于急性中毒和慢性中毒之间的，中毒症状的表现往往需要一定的时间，但最后表现往往与急性中毒类似，有时也可引起局部病理变化。

102. 什么叫作非法用工单位伤亡人员？

2011年1月1日起开始实施的《非法用工单位伤亡人员一次性赔偿办法》第二条规定，该办法所称非法用工单位伤亡人员，是指在无营业执照或者未经依法登记、备案的单位以及被依法吊销营业执照或者撤销登记、备案的单位受到事故伤害或者患职业病的职工，或者因用人单位使用童工造成的伤残、死亡童工。

上述所列单位必须按照该办法的规定向伤残职工或者死亡职工的近亲属、伤残童工或者死亡童工的近亲属给予一次性赔偿。

103. 企业被依法宣告破产时，工伤职工如何维护工伤保险待遇？

根据《工伤保险条例》第四十三条规定，企业破产的，在破产清算时依法拨付应当由单位支付的工伤保险待遇费用。

◎案例

侯大妈是一家企业的职工，在一次大火中因为救火被烧伤，被认定为工伤。由于企业经营不善，现在企业依法宣告破产。工伤职工的待遇怎么办？

◎法律分析

侯大妈的工伤保险待遇可以参照以下相关规定来维护：

企业因不能清偿到期债务被依法宣告破产的，以及因营业期限届满等原因解散的，应当依法进行财产清算。我国法律规定，清算财产能够清偿企业债务的，按顺序分别支付清算费用、职工工资和劳动保险费用、缴纳所欠税款、清偿公司债务。可见，法律对破产、解散企业职工的社会保险权益是优先保障的。

对于已参加工伤保险的破产、解散企业，按照规定应当将由其向本企业工伤职工及其直系亲属、供养亲属支付的各项工伤保险待遇费用列入第一顺序清偿，包括应付伙食补助费、护理费、按期应缴纳的工伤险费等费用。对于未参加工伤保险的破产、解散企业，除伙食补助费、护理费之外，《工伤保险条例》规定的其他各项工伤保险待遇费用，都应当由企业承担，并按照第一顺序优先清偿。

单位依法破产、解散的，一级至四级伤残职工应当办理退休手续，转到街道实行社会化管理。五级至十级伤残的职工由用人单位向工伤职工支付一次性工伤医疗补助金和伤残就业补助金，收回工伤证并交至经办机构办理工伤职工的工伤保险关系中止手续。

104. 试用期未满，职工能享受工伤待遇吗？

根据《劳动合同法》第十九条规定，试用期包含在劳动合同期限内。劳动合同仅约定试用期的，试用期不成立，该期限为劳动合同期限。这说明试用期是劳动合同的一部分，不可单独割裂出来，只有签订劳动合同才能根据劳动合同期限依法约定试用期期限，企业不得免除对处于试用期的劳动者的责任。

用人单位与职工签订劳动合同就意味着建立了劳动关系，因此，处于试用期的职工与用人单位之间的劳动关系已经确立，用人单位应当按规定缴纳工伤保险费用，职工依法享受工伤保险待遇。此外，在《工伤保险条例》中，对于职工的工伤认定并不区分是否处于试用期。

◎案例

郑某与某化工机械厂于2013年5月签订了为期3年的劳动合同，合同约定试用期半年。2013年11月7日，郑某在工作中因机械故障受伤，住院治疗一个月，在住院治疗期间郑某家属曾向厂方提出工伤待遇申请。伤愈后，郑某找企业报销医疗费时，该厂不仅不按工伤支付全部医疗费用，还以误工为由只发给基本生活费。其说法是郑某试用期未满，不是企业正式职工，不能享受工伤待遇。

◎法律分析

化工机械厂以郑某在试用期不是正式职工为由，不按照国家法律、法规规定支付其工伤保险待遇，是违反劳动法律、法规的。

（1）《劳动法》和《劳动合同法》及其相关的配套法规规定，试用期包括在合同期内。郑某与化工机械厂自签订劳动合同之日起，劳动关系就已确立，成为该厂的职工。劳动合同依法签订具有法律约束力，双方当事人必须履行合同规定的义务。如果劳动者在试用期内被证明不符合录用条件的，用人单位可以解除劳动合同，在出现这种情况之前，用人单位不保障劳动者的权益，显然是违反《劳动法》的。

（2）郑某既然成为该厂职工，就应享受国家规定的保险福利待遇。第一，该厂应该向当地社会保险行政部门申请工伤认定，并为郑某申请劳动能力鉴定确定伤残等级。第二，为郑某落实工伤医疗待遇。第三，为郑某落实停工留薪期待遇，保持原工资福利待遇不变。

105. 工伤职工擅自进行异地治疗，治疗费用能报销吗？

根据《工伤保险条例》第三十条规定，职工因工作遭受事故伤害或者患职业病进行治疗，享受工伤医疗待遇。职工治疗工伤应当在签订服务协议的医疗机构就医，情况紧急时可以先到就近的医疗机构急救。

治疗工伤所需费用符合工伤保险诊疗项目目录、工伤保险药品目录、工伤保险住院服务标准的，从工伤保险基金支付。工伤保险诊疗项目目录、工伤保险药品目录、工伤保险住院服务标准，由国务院社会保险行政部门会同国务院卫生行政部门、食品药品监督管理部门等部门规定。

职工住院治疗工伤的伙食补助费，以及经医疗机构出具证明，报经办机构同意，工伤职工到统筹地区以外就医所需的交通、食宿费用从工伤保险基金支付，基金支付的具体标准由统筹地区人民政府规定。

工伤职工到签订服务协议的医疗机构进行工伤康复的费用，符合规定的，从工伤保险基金支付。

◎案例

某单位有一名职工于2013年5月8日下午驾驶个人摩托车在下班回家途中发生机动车事故，造成两腿胯骨多处骨折，该职工负次要责任。单位按照《工伤保险条例》有关规定，得到上级保险部门的审核批复后，为其办理了工伤认定手续。在工伤治疗期间，该职工在医保定点医院进行了手术，安装了胯骨固定钢板，最后因骨髓炎久治不愈，办理了转院手续，转入另一家医院治疗。2014年9月13日伤者突然感觉胯骨疼痛，到医院检查，确定了钢板断裂，伤者家属因持有先前开出的转院证，便直接到另一家医院进行了手术，更换了钢板。伤者出院后，由于产生了第二次医疗费用，再次向工伤保险部门报销医疗费时，得到的答复是：伤者到外地医院治疗时，没有当地定点医院的转院手续，不能报销医疗费用。

◎法律分析

工伤保险机构对伤者第二次更换钢板的治疗费用不予报销是有依

据的。《工伤保险条例》第三十条规定，职工住院治疗工伤的伙食补助费，以及经医疗机构出具证明，报经办机构同意，工伤职工到统筹地区以外就医所需的交通、食宿费用从工伤保险基金支付，基金支付的具体标准由统筹地区人民政府规定。这里说的经办机构，指的就是工伤保险机构。虽然伤者第一次到外地医院治疗费用工伤保险机构给予了报销，但患者第二次到外地治疗必须再次得到工伤保险机构的批准。如没有得到批准，患者擅自进行异地治疗，显然是违反了《工伤保险条例》的有关规定。

106. 无证驾驶机动车受伤能享受工伤保险待遇吗？

《工伤保险条例》第十四条第六款规定，在上下班途中，受到非本人主要责任的交通事故或者城市轨道交通、客运轮渡、火车事故伤害的，应当认定为工伤。

《工伤保险条例》第十六条第一款规定，故意犯罪的，不得认定为工伤或者视同工伤。

◎案例

6 月 15 日早晨，因起床晚了，生怕上班迟到，王某骑上一辆邻居的摩托车赶往工地。不料在经过一个三岔路口时，由于车速太快，与一辆货车相撞，王某与货车司机均受重伤，二人经送医院抢救脱险，但王某左腿胫、腓骨开放性骨折，受伤很重。由于王某是无证驾驶，负事故的主要责任。现在王某想按《工伤保险条例》关于“在上下班途中，受到机动车事故伤害的”认定为工伤的规定申报工伤，但又担心责任在自己，怕申报了也不能获得认定。

◎法律分析

建立工伤保险制度的目的是减少工伤风险，维护职工的合法权益，从而确保社会秩序的稳定。如果职工的行为本身危害社会管理秩序的，那么，这种行为就不符合法律规定和社会行为规范。因此，《工伤保险条例》将故意危害社会管理的犯罪行为作为“不得认定为工伤的情形”之一。

王某从家赶往工地，与货车相撞受到伤害，虽然属于上下班途中受到的交通事故，但王某负主要责任，而且王某无证驾驶致人重伤是违法犯罪行为，触犯了《道路交通安全法》，与《工伤保险条例》第十四条第六款以及第十六条第一款的规定不符，因而不得认定为工伤或视同工伤，不能享受工伤保险待遇。

107. “职工因第三人的原因”引起的工伤案件，职工能否享受工伤保险待遇？

根据《最高人民法院关于审理工伤保险行政案件若干问题的规定》第八条，职工因第三人的原因受到伤害，社会保险行政部门以职工或者其近亲属已经对第三人提起民事诉讼或者获得民事赔偿为由，作出不予受理工伤认定申请或者不予认定工伤决定的，人民法院不予支持。

职工因第三人的原因受到伤害，社会保险行政部门已经作出工伤认定，职工或者其近亲属未对第三人提起民事诉讼或者尚未获得民事赔偿，起诉要求社会保险经办机构支付工伤保险待遇的，人民法院应予支持。

职工因第三人的原因导致工伤，社会保险经办机构以职工或者其近亲属已经对第三人提起民事诉讼为由，拒绝支付工伤保险待遇的，人民法院不予支持，但第三人已经支付的医疗费用除外。

108. 企业职业病防治管理措施有哪些？

根据《职业病防治法》第二十条规定，用人单位应当采取下列职业病防治管理措施：

（1）设置或者指定职业卫生管理机构或者组织，配备专职或者兼职的职业卫生管理人员，负责本单位的职业病防治工作；

（2）制定职业病防治计划和实施方案；

（3）建立、健全职业卫生管理制度和操作规程；

（4）建立、健全职业卫生档案和劳动者健康监护档案；

（5）建立、健全工作场所职业病危害因素监测及评价制度；

（6）建立、健全职业病危害事故应急救援预案。

109. 工伤预防可以采取哪些措施？

工伤预防是指事先防范职业伤亡事故以及职业病的发生，减少事故及职业病的隐患，创造和改善有利于健康的、安全的生产环境和工作条件，保护劳动者在生产、工作环境中的安全和健康。从一定意义上说，工伤预防是工伤保险的首要任务。

企业工伤预防的措施分为四大类：工程技术措施、教育措施、管理措施和经济措施。

（1）工程技术措施是指对设备、设施、工艺、操作等，从安全卫生角度进行计划、设计、检查和维护的措施。在新设备、新设施的设计阶段，就应该考虑安全问题，并且随着生产的发展和设备、设施的使用情况，及时改进或采取相应的工程技术措施。

（2）教育措施是指通过不同形式和途径的安全教育，使职工掌握安全方面的知识和操作方法，会应用安全知识，使安全寓于生产之中。安全教育的内容分为两方面，一是思想教育，二是安全技术知识教育。

思想教育的目的是使企业领导、管理人员和操作人员从思想上认识到安全工作对生产的促进和保护作用，正确处理好安全与生产的关系，自觉组织和落实安全措施。

思想教育包括法制教育和劳动纪律教育。加强法制观念，严格执行规章制度，是做好安全工作的基础。思想教育还包括安全生产方针、政策教育。通过提高各级领导和广大职工的政策水平，正确理解安全生产方针，严格认真执行安全生产法规，做到不违章指挥、不违章作业。

安全技术知识教育包括生产技术、安全技术以及专业安全技术三个层次的教育。

生产技术知识教育包括企业的基本生产概况、生产工艺流程、操作方法、设备性能以及产品的结构、质量和规格。安全技术知识教育包括企业生产过程中的不安全因素及其规律性、可预防性，安全防护基本知识和尘毒防治的综合措施，个人防护用品的正确使用、发生事故时的紧急救护及自救措施等。而专业安全技术知识教育是对特种作业人员进行的专门教育。掌握先进、实用的安全技术是进行安全生产另一个重要的前提。

（3）管理措施是指由国家机关、企业单位组织制定有关的安全规程、规范和标准，从制度上采取的措施，以求共同遵守。

管理措施包括贯彻实施有关法规、规章、标准、规范、安全操作规程，组织安全检查，落实岗位责任制、交接班制度以及各种安全认证制度，如挂牌操作、动火程序等。

（4）经济措施是指采用经济手段辅助进行工伤预防。比较行之有效的措施是在企业内部设立各种安全奖。对安全生产搞得好的单位和个人进行物质奖励，差的进行经济惩罚。

另外，工伤保险经办机构可以通过缴费手段和费率机制，从外部将企业安全与企业经济利益联系起来。工伤保险经办机构可以用工伤保险基金中的一部分，用于进行工伤预防宣传教育和培训工作。

参 考 文 献

1. 劳动和社会保障部普法办公室. 劳动和社会保障法律政策问答. 北京：中国劳动社会保障出版社，2003

2. 劳动保障部工伤司. 劳动能力鉴定标准. 北京：中国劳动社会保障出版社，2007

3. 王艳梅，王银芳. 劳动者权益保障百例解析. 北京：机械工业出版社，2004

4. 天津市总工会经济保护部. 工会劳动保护工作手册. 天津市总工会，2004

5. 孙树菡，彭高健. 工伤保险管理手册. 北京：化学工业出版社，2006

6. 刘雄等. 工伤保险政策问答. 北京：中国劳动社会保障出版社，2004

7. 黄乐平. 最新工伤处理操作实务工伤职工权益保护指南. 北京：法律出版社，2004

参考文献